陪孩子一起走过小学六年

朱秀婷　编著

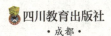
四川教育出版社
·成都·

图书在版编目（CIP）数据

陪孩子一起走过小学六年 / 朱秀婷编著 .— 成都：
四川教育出版社，2022.9（2023.9 重印）
　ISBN 978-7-5408-8369-0

Ⅰ. ①陪⋯　Ⅱ. ①朱⋯　Ⅲ. ①小学生—家庭教育
Ⅳ. ① G782

中国版本图书馆 CIP 数据核字（2022）第 168144 号

PEI HAIZI YIQI ZOUGUO XIAOXUE LIUNIAN

陪孩子一起走过小学六年

朱秀婷　编著

出 品 人	雷　华
责任编辑	保　玉
责任校对	罗梓菡
封面设计	松　雪
出版发行	四川教育出版社
地　　址	四川省成都市锦江区三色路 238 号新华之星 A 座
邮政编码	610023
网　　址	www.chuanjiaoshe.com
印　　刷	唐山玺鸣印务有限公司
版　　次	2022 年 11 月第 1 版
印　　次	2023 年 9 月第 5 次印刷
开　　本	880mm × 1230mm　1/32
印　　张	6
书　　号	ISBN 978-7-5408-8369-0
定　　价	36.00 元

如发现印装质量问题，影响阅读，请与本社联系。

总编室电话：（028）86365120　编辑部电话：（028）86365129

扫码体验
育儿专家私房课

每一个孩子都是独一无二的，都是肩负着使命来到这个世界上的，我们成为孩子的家长是何等幸运！我们应该怎样做才能给孩子良好的家庭教育，才能不辜负孩子，不辜负我们家长的身份？那就是学习科学的家庭教育方法。

我有两个孩子，在陪孩子成长的过程中，我系统学习了大量中外家庭教育的方法，并把这些方法用于教育孩子的实践中，使两个孩子都考上了理想的大学，找到了适合自己的发展方向。我没有把精力过多地用于关注孩子的学习成绩，而是注重对孩子基础能力的培养。我将自己经过实践检验的教育方法进行系统总结，汇总成了这本可供家长借鉴的《陪孩子一起走过小学六年》。

本书包括做好幼小衔接，用正确的理念养育孩子，读万卷书、行万里路，赋予孩子成长的力量，培养孩子的核心竞争力，走进学习的秘密花园，让小天使快乐成长。每一个主题下面都包括若干篇内容。每一个方法都是我和孩子在实践中验证出来的，是心血的结晶，愿与正在探索教育孩子方法的家长们共勉，一起陪同孩子们健康成长。

家长是孩子的镜子，孩子是家长的影子。用正确的教育理念教育孩子，才能使孩子不断拓宽能力的边界，不断成为最棒的自己。

扫码体验
育儿专家私房课

① 做好幼小衔接

2　孩子上小学啦

8　教孩子学会管理自己的时间

12　帮孩子三步养成好习惯

15　给孩子良好的成长环境

19　帮孩子建立交际圈

22　给孩子建立成长档案

用正确的理念养育孩子

30 做有智慧的家长

34 合理开发孩子的天赋

38 给孩子插上自信的翅膀

43 赞美让孩子创造奇迹

47 让"顽童"逆袭

52 陪孩子一起成长

③

读万卷书、行万里路

58 爱读书的孩子

61 书籍是孩子进步的阶梯

65 有方法的阅读才有效果

69 陪孩子读大自然这本无字书

73 在行走中给孩子打开眼界

4

赋予孩子成长的力量

80　　在孩子心中种下梦想

85　　教孩子做一个善良的人

89　　培养孩子的独立精神

92　　培养孩子的独立思考能力

95　　让孩子在自信中成长

培养孩子的核心竞争力

100 培养敏锐的观察力

104 提升孩子的注意力

108 给孩子插上想象的翅膀

113 拓展孩子的思维能力

118 帮孩子找到最佳记忆方法

123 锻炼孩子的应变能力

128 培养孩子的判断力

132 为孩子推开创造力的窗

136 从小培养动手操作能力

6

**走进学习的
秘密花园**

142 让孩子爱上学习

146 做好课前预习，课上更轻松

150 向课堂要效率

155 养成敢问善答的好习惯

160 课上消化老师的讲解

163 遵循艾宾浩斯遗忘曲线记忆

168 放手，让孩子自己做决定

171 提升孩子的抗挫能力

175 建立积极的思维方式

179 让孩子乐观看待世界

7

让小天使快乐成长

1

做好幼小衔接

孩子的人生犹如一张纯洁的白纸，每一笔都画好，才能绘成美丽的图画。
第一笔尤其重要！

孩子上小学啦

仍记得我的孩子在上小学的第一天，背着书包，一身稚气，对新生活充满期待的样子。我给孩子竖起大拇指，给孩子一个大大的赞。孩子坚定而勇敢地走进了教学楼里。我在心里默默说，宝贝，从今天起，你就是一名小学生了，加油！

刚开学的那几天，每次送孩子，总能在校门口看到一些孩子不愿进去，需要家长哄。看着孩子们满是不舍的小脸，真让人心疼。孩子的适应力有快有慢，有的孩子不适应小学生活，会闹情绪，这是很正常的。孩子从幼儿园升入小学，到了一个新环境，对同学、老师都不熟悉，小学老师也比幼儿园老师严厉，表现不

好会被老师批评，同学也可能不和自己玩，孩子可能会感到孤单、自卑。家长要多观察孩子情绪的变化，多与孩子沟通交流，多鼓励和帮助孩子，使孩子顺利度过适应期。

孩子不想上学，闹情绪

孩子（背着书包，抹眼泪）：妈妈，我不想上学了。

妈妈（蹲下来，双手握住孩子的手）：宝贝，为什么呀？

孩子：同桌的女生骂我。

妈妈：她为什么骂你呢？

孩子：我不小心把她的水杯撞倒了，水洒到了她的书上。

妈妈：哦，这样呀。你帮她收拾了没有？

孩子：没有，我不是故意的。

妈妈：宝贝，不管是不是故意的，你帮她收拾好，她就不会生气了。

孩子：我知道了。那她骂人也不对。

妈妈：是的。她也不应该骂人。今天到学校给她道歉，与她和解好不好？

孩子：好吧！

刚上小学的孩子常会遇到哪些问题

环境很陌生，对学校的一切都不熟悉

一般来说，小学的校园都比幼儿园的大，小学的学生人数也比幼儿园的多，小学里还有很多高年级的学生。面对这种新环境，一年级的孩子可能会不知如何自处和与他人相处。

学习、生活的方式与幼儿园不一样

孩子在幼儿园可以随便涂鸦，唱儿歌，无时无刻都被照顾着，每天都过得很开心。进入小学，要接受纪律的约束，乖乖地坐好听课，上课期间不能随意在教室走动，这一切都对孩子形成挑战。

集中注意力听课是一种挑战

刚走出幼儿园的孩子活泼好动，让他们每天集中注意力，坐在座位上听老师讲课，对孩子的意志力和耐力都是一种挑战。每天上课学习知识，耗费脑力，对习惯自由的孩子也形成挑战。

老师太严厉

如果孩子遇到了严厉的老师，因为一些事情被老师批评，孩子的自尊心可能会受到伤害。

提升孩子的适应力

赏识和肯定孩子

赏识和肯定孩子，表扬孩子的每一点进步，让孩子建立自信心，学会自我管理，主动学习。

帮助孩子建立交际圈

与孩子同学的家长一起组织家庭活动，帮助孩子结交新朋友。有了新朋友，孩子在学校就不孤单，就能开开心心地学习，积极地参加各项活动。

常带孩子到户外玩，帮孩子释放压力

每天放学后，可以带孩子到户外去玩。在户外，孩子可以释放压力。

培养孩子良好的学习习惯

鼓励孩子在课堂上认真听讲，跟上老师的思路，积极思考，主动回答问题，有不懂的地方及时问老师，养成良好的学习习惯。

教孩子学会管理自己的时间

孩子一上小学，时间管理就成了一件重要的事情。孩子上幼儿园时，对时间没有什么概念。一天的空闲时间很多，可以用来玩，用来睡觉，用来吃零食，每天都过得很开心。但是上了小学以后，孩子需要准时上课，需要按时完成课堂任务。这些都需要孩子学会管理自己的时间。

制定作息时间表

安排早上的时间

早晨要给孩子留出充足的时间用来梳洗、收拾、吃早饭。每天争取让孩子提前 10 分钟到教室，预习功课，为上课做好准备。

分配放学后的时间

根据孩子的情况安排出运动时间、学习时间、阅读时间、自由安排时间。

根据孩子的生物钟安排学习

在孩子精力充沛时安排学习，在孩子学习疲倦时安排运动、休息等，这样孩子的学习效率会更高，学习效果会更好。

保证充足的睡眠

小学低年级的孩子每天需要充足的睡眠，所以要保证孩子每晚 9:30 睡觉。

作息时间表

时间	孩子时间安排	完成情况
6:50—7:00	起床预备	

作息时间表可以让孩子养成良好的作息习惯，保证孩子每天精力充沛，大脑思维活跃，记忆力强，学习效率高。

作息时间表制定好以后，可以抄写几份，张贴在家里的餐厅、书桌等地方，让孩子随时可以看到，自觉执行。

帮助孩子学会时间管理的方法

制定作息时间表

指导孩子制定作息时间表，确定好每天的每个时间段该干的事情。孩子只要学会自觉按照作息时间表作息，就不用家长催促。

利用闹钟提醒

闹钟是孩子的好朋友，可以非常诚实地提醒孩子现在几点了。给孩子准备一个专属闹钟，让孩子自己定闹钟，把握起床、睡觉、做作业的时间，安排好每天的学习与生活。

教孩子做事情之前先排序

让孩子学会每天先把当天要做的事情按照轻重缓急排序。重要且紧急的事情归为第一类；重要但不紧急的事情归为第二类；不重要但紧急的事情归为第三类；不重要又不紧急的事情归为第四类。排序的目的是为了把最重要的事情分离出来，让孩子知道每天先做重要且紧急的事情。孩子一天的时间就那么多，如果他们想到什么就干什么，时间就会不够用，导致重要的事情被耽误。所以，优先做重要且紧急的事情，时间就能得到合理的利用。让孩子每天优先做第一类、第二类，然后做第三类，最后再做第四类。

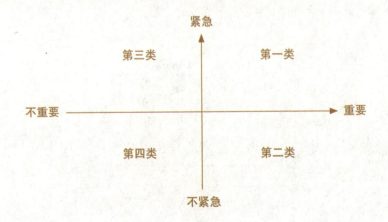

帮孩子三步养成好习惯

　　孩子小的时候，我很重视培养他们的各种好习惯，包括生活习惯、学习习惯等。长期坚持下来，习惯就变成了自然的行为，自然的行为慢慢就变成了一种自觉的行为。看着他们身上有很多好习惯，我很欣慰。培根说："习惯是一种顽强而巨大的力量，它可以主宰人生。"一个孩子长大后会是什么样子，与他小时候养成的习惯有很大关系。每一个习惯的养成，都不是一朝一夕的事情，需要长期坚持。小学一年级是培养孩子好习惯的重要时期，家长要多一点耐心，帮助孩子养成好习惯。

三步帮孩子养成好习惯

制定规矩

可以先给孩子定一个规矩。比如，让孩子每天早上6:50起床，晚上9: 30睡觉。再比如，提醒孩子做作业时要专心，不能玩玩具。家长把规矩定下来，孩子就能参照执行，养成习惯。制定的规矩要科学合理，符合孩子的年龄特点。在制定规矩的同时，也要留给孩子充分的自由，让孩子能够自由成长。

养成好习惯

孩子在养成好习惯的过程中，可能难以坚持下来，需要家长的监督和鼓励。时间长了，孩子慢慢就养成了好习惯。

自觉行动

当孩子把习惯内化成一种自觉行动，好习惯就养成了。比如孩子做完作业，会自觉检查一遍，这就是孩子养成的检查的好习惯。

良好习惯养成表

培养习惯	内容
认真	1. 在课堂上认真听讲不分神 2. 玩耍和学习都全神贯注 3. 认真阅读，拓宽知识面
勤奋	1. 上课勤思考，积极回答问题 2. 放学后阅读课外书 3. 学一些课外技能，如篮球、画画、围棋等
自立	1. 学会自己整理书包和书桌 2. 自己洗衣服 3. 出行时自己整理行李 4. 在家里帮忙做家务
自律	1. 按时起床和睡觉 2. 注意自己的言行，不说脏话 3. 每天预习、复习各花半小时
创新思维	1. 培养自己的观察习惯 2. 善于提问和思考 3. 经常自由联想，锻炼想象能力

给孩子良好的成长环境

　　在我的两个孩子的成长过程中，我和先生会用心给孩子创造适合他们身心成长的家庭环境，让他们健康成长。因为我们知道，环境对孩子的成长影响巨大。就像一棵小树，只有在温度、湿度、营养都合适的环境中才能长成大树。我和先生在生活和工作中勤勉，积极，让孩子们从小耳濡目染，学会自我管理，自我驱动。我们很少在管理孩子上花费过多时间，因为我们相信身教重于言传。

给孩子提供良好的成长环境

给孩子提供安静的学习环境

孩子上小学后，需要一个属于自己的学习环境，这个环境要安静、整洁、光线充足。

营造好的家庭氛围

自律、积极、上进的家长，更容易培养出自律、积极、上进的孩子。因为家长把优秀当成了习惯，孩子自然会耳濡目染，把优秀当成自己的目标，爱学习，爱思考，敢尝试，积极向上。

创造自由、民主的成长环境

给孩子创造一个自由、民主的成长环境，让孩子心灵自由，思想自由，能够快乐地成长。这样的孩子才会主动探索，在实践中不断学习。

用爱和尊重养育孩子

用爱和尊重养育孩子，不随便批评孩子，更不当着外人的面训斥孩子。站在孩子的角度思考，用孩子能够接受的方式讲道理，让孩子的身心都能健康成长。

用行动支持孩子

在任何时候，家长都是孩子的坚实后盾，家长应鼓励孩子学习各种新鲜事物，发展各种能力，遇到困难不退缩。

给予孩子高质量的陪伴

在孩子的成长过程中，家长要教孩子正确认识世界、认识自己，让孩子知道什么是优秀以及如何让自己变得优秀，让孩子通过自己的努力变得更好。

成为孩子的榜样

用正确的三观影响孩子的认知

家长拥有正确的三观，就会在无形中让孩子拥有正确的三观，从而让孩子能够正确看待世界。如果家长以扭曲的三观看待世界，也会让孩子看到的世界变得扭曲，让孩子与周围人相处出现各种状况。

用积极的心态和情绪影响孩子的性格

家长的心态和情绪对孩子性格的形成有巨大的影响。心态积极、善于管理情绪的家长，会养育出积极乐观的孩子，爱抱怨、情绪经常失控的家长会对孩子的情绪控制力以及性格产生不好的影响。

用积极进取的状态带动孩子进步

家长是孩子的老师。如果家长爱阅读，爱学习，爱思考，心态积极乐观，做事情坚持不放弃，孩子就会受家长影响，成为像家长那样的人。

帮孩子建立交际圈

孩子上小学以后，就要独自去处理与同学和老师的关系了。这些关系处理得好，孩子每天就能愉快地学习，但若处理得不好，孩子就会受到负面情绪的影响，不能安心学习。家长应教给孩子正确的方法，让孩子在学校开心快乐地过好每一天。

我有一个朋友很宠爱自己的孩子，生怕孩子在学校被欺负，就教孩子："如果有人打你，你使劲打他，这样他就不敢再欺负你了。"这个朋友的孩子记住了他的话，就经常对同学说："如果你敢打我，我就会使劲打你。"这反而造成了不少矛盾。老师给我这个朋友打电话说："你孩子怎么那么强势呀，老想用拳头解决问题。"弄得我朋友很尴尬，反思自己是不是教错了孩子。

孩子与人相处的有效方法

只有掌握正确的交友方法，孩子才能被他人接纳。下面这些交友方法可供孩子参考：

1.有教养，使用礼貌用语，不讲粗话。

2.包容同学的小缺点，不斤斤计较。

3.注重给予和分享，不自私自利。

4.尊重同学不同的个性，接纳不同的意见。

5.不在背后议论别人。

6.对人真诚，热情友善，诚实守信。

7.不搞恶作剧，不捉弄、嘲笑别人。

8.能看到别人的优点和长处，善于欣赏和赞扬别人。

9.能够体察和照顾别人的情绪，有同理心。

帮助孩子提升交际能力的方法

1.经常与孩子讨论问题，引导孩子思考，培养孩子的逻辑思维能力和语言表达能力，使孩子更善于表达自己的想法。

2.让孩子像小主人一样招待客人，把自己的家当作孩子社交的平台，历练孩子。

3.经常组织一些家庭聚会，帮孩子搭建交际平台，使孩子在聚会中结交朋友。

4.经常带孩子外出，让孩子接触各种各样的人，学会与不同的人打交道，积累交际经验。

5.多带孩子出去旅行，让孩子增长见识，丰富人生经验，提升自信。

6.鼓励孩子积极思考，想出多种方法解决问题，提升孩子的思考能力和整合问题的能力。

给孩子建立成长档案

孩子们出生以后，我就用笔记本记录他们的成长过程。

他们名字的由来，出生后留的第一个小脚印，各个阶段的身高体重，已经打了的疫苗种类，长牙的时间，开始走路的时间等，都记录在成长档案里。

我还会收集孩子们具有纪念意义的作品，并整理成电子文档。例如孩子们上幼儿园时写的第一张字，画的第一张涂鸦，上小学时写的第一篇作文，上高中时参加国际比赛写的作文，还有孩子们在成长中所有获得的奖状和证书，以及各个时期的照片等，我都收录进电子文档，给孩子们建立了一份成长档案。

到孩子们高中毕业时，这份成长档案已经有几百页之多。

每一个孩子十八岁时，我们都会给孩子举办一个成人礼。我从成长档案中精选出每个阶段最具代表性的一些资料，整理成一本成长集，作为成人礼物送给孩子。他们收到这份特别的礼物，既惊喜又感动。

在孩子生命绽放的过程中，每一个瞬间都让人惊喜。将这些记录下来，作为最好的成长礼物送给孩子，特别有意义。我相信，每一个孩子都需要一个成人礼，都需要一份记录自己成长过程的成长档案。

如何给孩子建立成长档案

把孩子成长过程中的细节记录在电脑里，按时间顺序进行编排。比如，按时间顺序记录孩子每一年的成长变化，取得的成绩，获得的奖状，写的作文，参加的活动，拍的美照等；记录的形式可以多种多样，按照自己的想法记录就好。

孩子成长档案中收录的信息

孩子出生时的信息

孩子的生肖、生日、身高、体重、出生医院、出生时的手环、血型、星座、出生时的照片等。

孩子 18 年的身高体重

年龄	身高 / cm	体重 / kg
出生时		
1 岁		
2 岁		
3 岁		
4 岁		
5 岁		
6 岁		
7 岁		
8 岁		
9 岁		
10 岁		
11 岁		
12 岁		
13 岁		
14 岁		
15 岁		
16 岁		
17 岁		
18 岁		

孩子的作品集

孩子创作的涂鸦作品、第一次写的作业、上学用的第一本作业本、写的作文以及参加各种比赛的作品等。

孩子的各种证件

疫苗本、身份证、学生证、饭卡、获得的奖状、取得的证书以及从幼儿园开始获得的毕业证等。

孩子的相册

孩子出生以后各个时期的照片。可以将其按照时间进行编排，并配上文字说明。

孩子的成长记录

孩子出生以后的身高、体重变化，第一次翻身、坐立、爬行、走路、长牙、说话的时间，视力、听力、身体的发育情况等。

孩子的成长记忆

孩子过生日、全家旅行、孩子平时的童言童语、孩子难忘的经历等都可以记录下来。这些日常记录着孩子成长的痕迹。

孩子参加的重要活动

孩子从上幼儿园到上小学、中学会参加很多活动，家长也经常是亲历者或者旁观者，把这些活动以影像和文字的方式记录下来，并把这些资料编辑成文档留存下来。当有一天，孩子长大了，想看自己小时候的样子，这些最珍贵的资料就能帮到他。给孩子留下成长的痕迹，是我们家长的义务。

家长可以陪伴孩子成长的时间很短。当孩子成年以后，和家长在一起的时间会大幅减少。孩子的成长档案不仅是送给孩子的珍贵礼物，也是留给家长自己的珍贵记忆。

家长自修室

在孩子跨进小学校门后，面对孩子的各种不适应，我是不是一个足够有耐心的家长？我为帮助孩子适应小学生活做出了哪些努力？我做得是不是足够好？

② 用正确的理念养育孩子

每一个孩子都是独一无二的，尊重孩子的个体差异，
因材施教，才能使他成为最棒的自己。

做有智慧的家长

我认识一位年轻妈妈，在"双减"政策出台之前，她给上小学一年级的孩子报了九个课外班，让孩子周一到周五每天下午上一个课外班，周末每天上两个课外班。我问她为什么给孩子报这么多课外班，她说认识的妈妈们都是这样的。那些妈妈们从孩子上幼儿园起，就给孩子报各种课外班，每天督促孩子练琴、画画、学英语，给她造成了很大压力。她觉得要是不给孩子报班，孩子就会掉队。

国家出台"双减"政策之后，这位妈妈的孩子不用再上那么多课外班了，有时间玩了，她的孩子和她都感到很轻松。但是出现了一个新情况，孩子作业少，放学后在家里无所事事，花费大把时间看电视，还迷上了玩游戏。这位妈妈不知如何是好。在这样的情况下，应该怎样培养孩子呢？

我了解到，不少家长也有同样的困惑。

我认为每一个孩子都不一样，不能用同样的方法教育所有的孩子。要先了解自己孩子的天赋在哪里，因材施教才能最大限度地开发孩子的潜能，培养出优秀的孩子。

培养孩子的兴趣特长

我的孩子说："我将来要做自己最感兴趣、最热爱的事情。只有感兴趣我才会努力钻研，只有热爱才会让我全力以赴。"我很认可。孩子只有做自己感兴趣的事情，才会尽心尽力。所以，培养孩子的兴趣，激发孩子的潜能很重要。

那如何做呢？书籍是人类的营养品，给孩子买一些好书，让孩子养成阅读的习惯，引导孩子在书籍的世界里孕育理想，增长智慧。

根据孩子的天赋培养孩子的特长。每一个孩子的天赋不同，可以发展的方向也不一样。要深挖孩子的天赋，培养适合孩子的特长，让孩子的这些特长成为未来的发展方向。

让孩子拥有一双善于发现的眼睛

孩子都喜欢对新鲜事物刨根问底，提出各种问题，这正是开发孩子智力的大好时机。家长应多带孩子参观科技馆、博物馆、植物园，培养孩子的观察力、想象力、思考力、创新思维能力。认真对待孩子提出的问题，通过与孩子一起学习找出答案。多肯定和表扬孩子，鼓励和引导孩子去观察，去思考，去发现。多陪孩子到大自然中去探索，在大自然中培养孩子的感悟能力和认知能力。

在玩耍中增长见识

我经常带孩子去参观博物馆、美术馆、科技馆、植物园、动物园，让孩子了解历史、美术、科技、植物、动物，启发孩子思考。我曾经带孩子去参观飞机生产制造工厂、汽车生产制造工厂，让孩子了解世界的创新成果，启发他的创新意识。我也带他去农村，与农民伯伯一起种地，采摘果实，了解春种秋收，冬播夏长的农耕知识，也让孩子知道了粮食来之不易。

孩子是通过玩耍认识世界的。玩不仅是孩子娱乐的方式，也是孩子增长见识的途径。所以，家长要经常带着孩子一起玩，让孩子在玩耍中学习知识，开阔眼界，探究世界的奥秘。

根据孩子的天赋因材施教

　　培养孩子，应该尊重孩子的主体性，不带功利目的地激发孩子的潜能，让孩子的天赋得到自由施展。家长要重视培养孩子的创造能力，激发孩子的好奇心和求知欲，培养孩子各方面的能力。

　　我们不要因为别的家长给孩子报了什么课外班，就也给孩子报一样的课外班；不要为了孩子将来有一份好工作，就让孩子从小学习不符合他兴趣的特长班；不要为了让孩子替自己实现梦想，从而按照我们自己的想法来打造孩子。

　　我们家长要根据孩子的天赋特长去因材施教，激发孩子的潜能，让孩子的优势得到发展，这样孩子才会成为最好的自己。

合理开发孩子的天赋

我的两个孩子身上有着各不相同的天赋。

大儿子悟性高，记忆力好，对色彩、数字、音乐都很敏感，学东西很快，每天不用花多少时间作业就做完了，学习成绩一直挺好。他上小学六年级时，想学习绘画和小提琴，这些都符合他的天赋。于是，我给他找了相应的老师，让他跟着老师系统学习。绘画学了三年后，他能够画出相当不错的素描和水彩画；小提琴学了六年后，已经可以上台表演，成为校乐队的第一小提琴手。

小儿子机灵，逻辑思维能力强，喜欢手工，爱搞一些创造发明。我根据他的天赋，先后给他报了围棋、钢琴、编程等兴趣班，他都很喜欢。上中学时，他喜欢辩论，在几年时间里，他一直参加各种辩论比赛，获得了很多国内外的大奖。

我的两个孩子天赋不同，我根据他们的天赋选择了适合他们的兴趣班，让他们都有了自己的特长。现在，他们都考上了著名大学，找到了适合自己的专业方向。

心理学家的研究显示，每一个人天生都具有一种或者多种不同于他人的能力，这些能力就是天赋。一个很有天赋的孩子，按照理想的状态培养，可以被激发出 80%~90% 的潜能。但是受各种因素的影响，很多人都只被激发出 50%~60% 的潜能。如果家庭不重视教育，让孩子随意长大，这些孩子最多只能被激发出 20%~30% 的潜能。所以，家长的培养力度很大程度上决定着孩子的未来。

　　孩子的每一种天赋都有发展的最佳时期，如果在最佳时期开发孩子的天赋，就会取得不错的教育效果。错过了最佳时期，效果也会大打折扣。

孩子的天赋分为哪些类别

1. 语言：阅读、理解、写作和沟通能力。

2. 逻辑：逻辑推理能力。

3. 空间识别：识别空间结构，并能够把看到的和感知到的结构表现出来的能力。

4. 音乐：学习音乐旋律和乐器演奏的能力。

5. 人际：观察别人的情绪，与人交往的能力。

6. 运动：平衡、弹跳、协调等能力。

7. 自然认知：观察周围一切事物的能力。

8. 自我认知：对自我有正确认知的能力。

大多数孩子会表现出一两种天赋，如果家长能在筛选出孩子的天赋后，再围绕孩子的天赋进行针对性培养，那么每一个孩子都有可能成为天才。

培养孩子的各项能力

在最佳时期对孩子进行能力培养

孩子的每一种能力都有一个最佳培养期，在这个时期对孩子进行能力培养，孩子就能表现出这种能力的优势。错过了最佳培养期，孩子就有可能失去这种优势。

培养孩子与智力因素相关的能力

与智力因素相关的能力包括注意力、观察力、想象力、阅读理解能力、口头表达能力、动手操作能力、音乐感知能力、绘画能力、认知能力、记忆能力、逻辑思维能力等。这些能力决定着孩子以后的学习能力，因此家长要重视培养孩子的这些能力。

培养孩子与非智力因素相关的能力

家长还需要重视对孩子性格、情感、意志、品德、习惯、兴趣爱好等与非智力因素相关的能力的培养，这些关乎孩子的情商、逆商的发展和健全人格的建立。

孩子是一张白纸。我们对孩子施加什么样的影响，孩子就会成为什么样的人。合理开发孩子的天赋，用积极的思想启迪和引领孩子，让孩子成为热爱学习、积极进取的人，成为善良包容、温暖有爱的人，成为意志坚韧、不怕困难和挫折的人，成为心态阳光、积极向上的人。

给孩子插上自信的翅膀

　　我的小儿子在成长过程中，经历过几次转学。每一次转学，都要比别的孩子多经历一些挑战，尤其是语言挑战。从中文的环境转到英文的环境，或者从英文的环境转到中文的环境，同时还要面对不同的老师、同学。看着孩子经常面对新的挑战，我其实很心疼孩子。但是我总是鼓励孩子说："放心，你是很棒的，这些对你来说，都不是大问题，要相信自己的能力。"

每一次转学，孩子都能很快地适应新的环境，快速融入到新集体中，成绩还能一直保持在年级的前列。

孩子在五年级时，转到了一所新学校。第一学期期中考试，孩子用自己的努力证明了自己的优秀。他各门成绩都十分优异，还被老师和同学们推选为学校的学习部长、班里的班长和学习委员。孩子不仅学习好，还积极参加学校的各项活动，比如参与各种校内的话剧演出。记得有一次，他们年级排练《冰雪奇缘》话剧，儿子出演可爱的克里斯多夫一角。他需要一套合适的衣服，但是买不到，于是让我为他做一件。我用一件旧衣服给他改成了一件演出服。最后儿子的演出很成功，他的团队还获得了全校比赛的第一名。他老师对他说："克里斯多夫这个角色你演得太棒了，你妈妈做的衣服太有意义了。"现在那件衣服成了儿子的收藏品。在学校里，各种丰富多彩的活动，让孩子变得更加阳光。

孩子的自信心与我的支持和鼓励密不可分。记得孩子当时住校，每周末我开车去接送孩子，路上就是母子沟通的大好时机。我会认真听孩子给我分享的校园生活趣闻和他的各种想法，然后积极回应孩子分享的内容。我也会用提问和引导的方式启发孩子思考，让他的思维更开阔。当我的问题引起他的共鸣时，他会夸我："妈妈，你很聪明，你提的问题很好。"这样的聊天，我和孩子一直持续了两年多。

如何帮助孩子建立自信

多认可孩子的努力

孩子都期待自己被认可。家长对孩子的评价会影响孩子对自己的看法，而且影响十分长远。如果家长经常夸孩子，孩子就会越来越自信。如果家长经常批评孩子，孩子就会丧失自信，产生自卑心理，甚至自我放弃。因此，家长要注意多肯定和鼓励孩子，多认可孩子的努力。好孩子都是夸出来的。

让孩子从不断的成功中获得自信

孩子经历的成功少，就会对自己的能力没有信心。因此家长要创造机会，让孩子多去经历，去体验，在一个个成功经历中提升自信。这种经历可以是很多事情，比如让孩子整理自己的房间，帮忙做家务，制订全家出行计划等。任何力所能及的实践活动都可以让孩子体验到成功的喜悦，提升自信心。

多鼓励，少说"不"

我对孩子长期采用的方法就是多鼓励，少说"不"。孩子愿意做的事情，只要没有危害，就鼓励孩子去做。孩子做错了，失败了，我会鼓励孩子找到正确的方法继续尝试。孩子特别想做的事情，即使有一定风险，我也会鼓励孩子去做。但是在他做之前，我要求孩子把各种风险因素考虑在内，做好风险规避。比如出去野营，我就要求他提前做功课，了解野营中可能遇到的问题，提前准备好装备和必需物品。我一般很少会拒绝孩子去尝试新事物。孩子只有在不断地尝试，出错，纠错中才能进步，吃一堑，长一智。这些尝试会让孩子的能力不断提升，越来越自信。

支持孩子参与家庭决策

让孩子参与家庭事务，参与家庭决策，当家庭的主角，培养孩子的责任感。当孩子参与家庭决策时，家长要倾听和尊重孩子的建议。即使孩子的建议不合理，也不要轻易否定孩子的建议。孩子在这种历练中会逐渐提升自信心。

鼓励孩子参与具有挑战性的活动

很多家长把孩子保护得很好，不让孩子参加具有挑战性的活动，怕孩子受伤害。但是现实世界中的风险无处不在，如果孩子没有应对风险的经验，以后也将难以应对风险。在有安全保障的前提下，可以让孩子参加一些具有挑战性的活动，锻炼孩子克服恐惧的勇气，提升孩子应对风险的能力。我的两个孩子比较喜欢参加具有挑战性的活动，他们参加了很多具有挑战性的体育项目，比如攀岩、潜水、骑马、冰球等。我认为孩子应该勇敢一些。

帮助孩子建立自信，孩子就会自己发光。对孩子而言，自信是一种魅力，是一种能量。我们家长不仅给予孩子生命，还要帮孩子建立起精神支柱，让孩子对自己充满信心，让他们的人生充满能量。

赞美让孩子创造奇迹

在我的两个孩子身上，我深深体会到赞美的重要性。每一次我赞美他们事情做得好时，他们总是眉开眼笑。下一次，他们就会努力把事情做得更好。

我从不吝啬赞美孩子。赞美孩子做事情的方法，付出的努力与取得的成果；赞美孩子掌握了某种技能，提升了某种能力；赞美孩子拥有善良、包容、助人的品质；赞美孩子的良好习惯、独立自主的精神；赞美孩子善于管理自己的情绪等。我赞美孩子是为了让孩子知道这样做是对的，应该继续朝这些方向努力。

同时，我赞美孩子，是对孩子心灵的嘉奖。因为我知道，每一个生命都需要被肯定，被赞扬。赞美孩子会让孩子更有尊严。有尊严的孩子才会自尊、自爱、自信，才会更愿意通过努力证明自己，拓展自己，超越自己。

赞美是一种积极的心理暗示

哈佛大学的心理学家做过一个实验，他让两组男生一起长跑，消耗一定的体能后，严厉批评第一组，热情赞美第二组。接下来对两组男生进行体能检测，结果令人吃惊：第一组男生的体能处于崩溃状态，每一个人都心情沮丧；第二组男生的体能良好，精力充沛。心理学家由此得出结论：赞美有极大的心理暗示作用。经常赞美和肯定孩子，能更好地激发孩子的潜能，让孩子成为更好的自己。

但赞美孩子要恰到好处。不能信口开河，夸大其词，而要恰如其分，这样能让孩子知道自己受之无愧，也能让孩子知道以后应该朝哪个方向努力。

赞美孩子的方法

肯定孩子付出的努力

当孩子努力做一件事情时，不管他成功与否，家长都要肯定孩子付出的努力，并鼓励孩子想办法把事情做成功，这样孩子就会有动力。

教给孩子做事情的技巧

孩子因为缺少经验，做事情出错在所难免。这时，家长的态度很重要，不要批评孩子笨，更不要否定孩子的努力。因为这样会让孩子产生自卑心理，觉得自己不行。家长应该有耐心地教给孩子做事情的技巧，让孩子掌握方法，这样下一次就能有进步。

对孩子多一些耐心与包容

孩子做事情没有经验，会做得很慢，会笨手笨脚。家长不要嫌孩子做事情慢，做得不好，要对孩子多一些耐心与包容，多指导，这样孩子就会越来越会做事情。

永远以孩子的长处为傲

永远以孩子的长处为傲，不拿孩子的短处与别人的长处比。每个人都有长处和短处，多看孩子的长处，多肯定孩子。

陶行知先生曾说："教育孩子的全部秘密就在于相信孩子和解放孩子。"而家长要想做到相信孩子，解放孩子，首先就要做到赞美孩子。赞美可以让孩子积极阳光，从容自信。

每一个孩子刚来到这个世界上，什么都不会，连走路都需要一步一步地学。但他能够通过不断努力，学会走路，学会说话，学会看书识字，学会操作工具，学会今天拥有的全部本领。所以，不要否定任何一个生命，每一个生命都值得被肯定，被赞美。

我们要在孩子生命的行囊里，给孩子装进"你很棒""你能行"的礼物，让孩子从心里笃定自己能行，从而生出勇气，敢于去尝试，去实践。每个孩子生命里都蕴藏着无限可能，家长的赞美能激发孩子的潜能，使孩子创造奇迹。

让"顽童"逆袭

记得我大学毕业实习时，在一所小学当实习老师。期间，我除了上课，还担任一个班级的实习班主任。当时，我那个班的班主任给我介绍班里学生的情况时，告诉我坐在前排的一个男生是班里的"顽童"。他在学校很出名，老师都管不了他。他上课从不认真听讲，爱搞小动作。所以我每次去班里时就会留意这个学生。我还特意到他家里家访，了解到他的爸爸是一名钢铁工人，平时很忙，顾不上关心他。于是我在学校就特别关心他，上课时鼓励他回答问题，课间同他聊天。我发现这孩子本性挺善良的，在我的课上也能认真听讲，表现很好。我把这个学生的表现告诉班主任，他挺惊讶，觉得不像平时的他呀。等我实习结束时，他对我依依不舍，特意送给我了一个玩具，让我深受感动。我明白了，所谓的"顽童"只是大人太忽视他们，没有关心他们，没有走进他们的内心，聆听他们的心声。如果我们能真正关心他们，会发现他们的心灵与其他孩子一样单纯美好。

我们经常能在媒体上看到有的家长吐槽自己的孩子，对自己的孩子感到非常失望。有一位家长说："我的孩子很不听话，没有一点爱心，真恨不得把他送到少管所去。"可见这位家长对孩子很无奈。孩子有问题，家长心烦可以理解，但是一定不要怪罪孩子，要追根溯源，找到孩子出现问题的真正原因，这样才能帮助孩子回到正轨上。

一些孩子为什么会成为"顽童"

孩子还没有建立起规则意识

家长在孩子小的时候，太宠溺孩子，没有给孩子建立起规则意识，孩子不知道哪些行为不可以做，因此会搞一些恶作剧寻开心。

家人不关心孩子，孩子缺爱

孩子在被忽视的环境下成长，缺少关注与关爱，内心会很脆弱、敏感，对任何不友好的言行都会做出反击。因为防卫过头，会让人认为他们是坏孩子。

孩子失败的体验过多

有些孩子管不住自己，总是惹一些是非，因此总被批评，总是体验失败，他们自己也不知道应该怎么做才好，就会故意捣乱。

应该怎样教育"顽童"

"顽童"需要针对性教育方法

家长不要因为孩子有一些问题就对孩子失望，给孩子定性，觉得孺子不可教。孩子的问题虽然不都是家长造成的，但是，孩子出现问题都是有原因的，家长应先找到原因，再对症下药。

"顽童"往往有惊人的创造力和新奇的想法。正确引导孩子，找到针对孩子的教育方法，把他的能量用对地方，"顽童"也会创造奇迹。很多科学家小时候就是非常顽皮的孩子，因为遇到了开明的家长，后来大有作为。

当自己的孩子比其他孩子更顽皮时，家长要想到自己的孩子是多么与众不同，因此需要一个与众不同的教育方式。在维护孩子自尊心的同时，找到合适的教育方法，把孩子的能量引到对的地方，让孩子的天赋得到施展，"顽童"也可以成为有用之才。批评和责备只能让孩子自我否定，自我放弃。

转变教育观念

爱迪生从小就被认为是爱捣蛋的孩子，只上了三个月学便被赶出校门。但是爱迪生的父母没有放弃他，而是自己教育他，后来将他培养成了举世闻名的发明家。

冰心认为，淘气的男孩儿是好的，调皮的女孩儿是巧的。当孩子告诉你："妈妈，我长大后要到太阳上去探险。"你千万不要告诉他："傻瓜，太阳那么热，上去还不把你烤成灰？"只要家长能转变传统的教育观念，因材施教，每一个孩子都可以成才。

正确看待孩子的攻击行为

当一个孩子经常捣乱，或者攻击别人时，我们需要先了解他这样做的心理原因。这种孩子外表强大，其实内心很脆弱，很孤独，他们会通过故意捣乱来吸引别人的注意，或者通过攻击别人，用自认为的防护机制保护自己。这种孩子更需要爱护，需要关心，需要尊重，需要心理安抚。家长要用心温暖他，重建他的价值体系。

著名教育家陈鹤琴认为，无论什么人，受激励而改过很容易，受责骂而改过却不大容易。孩子尤其喜欢听好话，听鼓励的话。

世界上没有一个孩子天生是"顽童"。当一个孩子出现问题时，家长一定要反思自己对孩子产生的负面影响，及时止损。先改变自己，再改变孩子。只要用心，就能做到。

陪孩子一起成长

　　家庭教育、学校教育和社会教育是现代教育的三大支柱，其中家庭教育是基础。家长是孩子的第一任老师，家长如何教育孩子，决定着孩子未来成为什么样的人。现在，国家出台了《家庭教育促进法》，把家庭教育提到了一个空前的高度，从国家的层面要求每一位家长都要承担起教育孩子的责任。我们每一位家长都不是家庭教育的局外人，都需要掌握科学的家庭教育方法，助力孩子成为优秀的人。

为什么家长要承担起教育孩子的责任

家长是孩子的第一任老师

　　家长与孩子朝夕相处，家长的言行对孩子起着示范作用。孩子在不知不觉中就会以家长为榜样，模仿家长的言行，把家长当成自己的老师。如果家长能够用正面的言行影响孩子，就能够引导孩子积极向上，越来越优秀。

家长是孩子的第一责任人

家长对孩子的性格、兴趣爱好、成长经历、成长环境最了解，应该承担起教育孩子的责任，为孩子的人生负责。

家长应怎样承担起家庭教育的责任

对孩子的人生做出规划和引导

家庭教育绝不是随心所欲，而是有备而来。在孩子小的时候，家长就要对孩子的人生有一个规划，让孩子沿着正确的方向成长。在孩子成长的过程中，家长的正面影响不可缺失，要始终引导孩子不偏离人生大方向。

关爱而不溺爱

陪孩子成长的过程中，家长要始终保持理性，把更多的精力用于关注孩子的人格成长、心灵成长和能力培养上，让孩子学会关心、理解、尊重和承担责任，而不是只重视孩子的衣食住行和学习成绩。

培养孩子良好的心理品质

良好的心态：能正确看待输赢，懂得争取和放弃。

责任意识：勇于承担责任，为自己的行为负责。

规则意识：遵守纪律，有大局观。

换位思考：善于体谅和原谅他人。

爱心：关爱他人，乐于助人。

善良品格：有同情心，能分享。

感恩之心：理解和尊重家长，珍惜自己拥有的一切。

逆商：有面对困难和挫折的信心和勇气。

家长要不断地自我成长

养育孩子的过程也是家长自我成长的过程，家长与孩子都需要成长。不要因为忙于工作或全身心培养孩子，而忽视了自我成长。只有家长足够优秀，才能养育出更优秀的孩子。同时，一个优秀的家长也是孩子学习的榜样，孩子在模仿家长的过程中，会成长得与家长一样优秀。所以，想让孩子优秀，家长要先优秀起来。

为什么家长要不断地自我成长

家长的三观对孩子认知的形成产生巨大影响

孩子喜欢观察家长的一举一动，模仿家长的所作所为。家长要重视自己的言行，端正三观，这样孩子的认知和行为才会正面、积极。

家长的情绪对孩子个性的形成产生重要影响

暴躁的家长很难养育出心态平和的孩子，经常抱怨的家长很难养育出包容的孩子，经常吵架的家长很难养育出有幸福感的孩子。家长要学会管理自己的情绪，才能养育出心理健康的孩子。

家长的教育方法影响着孩子的未来

如果家长没有系统地学习过怎样教育孩子，想当然地按照自己的想法教育孩子，甚至打骂孩子，就会伤害孩子的心灵。所以家长要早一点学习教育孩子的方法，让孩子在良好的教育环境下成长。

家长只有自我成长才能跟上孩子成长的步伐

很多家长发现跟孩子越来越难以沟通，孩子也越来越不服从家长。这是因为孩子接受了大量信息，见多识广，而家长还停留在自己的认知里，与孩子在认知上有很大差异，于是家长和孩子很难找到共同话题，思想也很难同步。家长要不断学习，更新自己的认知系统，更新自己的教育观念，更新自己的知识结构，才能跟上孩子成长的步伐。

优秀的家庭更容易培养出优秀的孩子

想培养出优秀的孩子，家长要每天利用碎片时间学习，通过阅读充实自己的知识储备，通过自我修炼提升自我素养，让自己变成更优秀的人。家长把优秀当成习惯，孩子自然会不断地模仿家长的行为，成为优秀的孩子。

家长自修室

在陪孩子成长的过程中，我是不是给孩子做出了好榜样？我是不是在用赞美和肯定的方法引领孩子成长？

③ 读万卷书、行万里路

莎士比亚说："书籍是全人类的营养品。生活里没有书籍，就好像没有阳光；智慧里没有书籍，就好像鸟儿没有翅膀。"

爱读书的孩子

我小儿子童年的很多时光都是在图书馆里度过的。

我们居住的社区有一个公共图书馆，一周有六天对公众开放，社区的居民都可以免费借阅图书。我和孩子都办理了借书卡，经常去图书馆借书还书。图书馆里的藏书非常丰富，有很多适合孩子阅读的童书。我小儿子每一次到图书馆，都会找几本喜欢的书，坐在阅读桌前，津津有味地阅读。他最爱看科普类绘本，包括宇宙太空、创造发明、生命起源、昆虫、恐龙、各国风土人情……

这些绘本都非常好看，插图生动有趣，知识引人入胜，孩子即使遇到不认识的字，也能够通过插图理解里面的意思，所以我的小儿子非常喜欢。

图书馆里每过两个小时就会有管理员阿姨给孩子们讲故事，每到这时，小儿子就会到故事厅听故事，并开心地边听边笑。图书馆里还有很多动画片光盘，和图书一样可以借回家看。我们每次去都会借二十几本图书和几张动画片光盘回家看。这样，小儿子在童年时期看了很多图书和动画片，增长了很多见识，不仅培养了阅读兴趣，还树立了当科学家的理想。

莎士比亚说："书籍是全人类的营养品。生活里没有书籍，就好像没有阳光；智慧里没有书籍，就好像鸟儿没有翅膀。"孩子在书籍的世界里，会与各种有趣的人物相遇，与他们交朋友，并受到他们良好品德和人格的影响。

　　歌德说："读一本好书，就是和许多高尚的人对话。"优秀的儿童文学作品，滋养着一代又一代孩子的心灵，那些思想的火花会点亮孩子的心灵，启迪孩子的智慧，让孩子知道什么是善恶美丑。孩子受这些思想的影响，会变成有理想，有志气，有智慧，有趣，可爱，内心富足的人。

书籍是孩子进步的阶梯

小儿子上小学时，我给他买了一套《十万个为什么》。小儿子非常喜欢，总拉着我一起阅读。在阅读过程中，他会提出很多问题。比如他问："冬天为什么下雪？"我并不告诉他为什么，而是问："你想一下，是为什么呢？"他就会说："冬天下雪是因为天气冷了。"我引导他："你很善于思考。那为什么天气冷了天上就会下雪呢？"他想了想说："天气冷了，水就冻成冰了，就成了雪花飘下来了。"我表扬道："你真是一个善于思考的孩子。现在咱们一起查一下资料，了解一下冬天下雪的原理吧。"他高兴地把电脑打开，查询相关知识，也就知道了下雪的原理。

我们经常这样学习，他不仅认识了很多字，学习了很多知识，还学会了提出问题，思考问题，并且把这些问题与现实世界结合起来，从而提出更多问题。

随着年龄的增长，孩子读的书籍不断增多，从《一千零一夜》《海底两万里》《八十天环游地球》，到《时间简史》《史蒂夫·乔布斯传》……我鼓励小儿子由泛读到精读，从了解故事情节，摘抄精美段落，到分析语言的逻辑关系，故事的思想内涵，为日后写作打好基础。到小学高年级，小儿子就会写诗，写散文，会演讲，会辩论了。

　　阅读是一件美好的事情，它能让孩子学习知识，增长见识，开阔视野，提升感悟力，学会有逻辑地思考，掌握语言表达方法，沿着书籍的阶梯不断进步。高尔基说："我身上一切优秀的品质都要归功于书籍。"让孩子爱上阅读，就是让孩子到书中去获取营养，构建自己的知识大厦，丰富自己的精神世界。

　　书籍是送给孩子最好的礼物。家长可以根据孩子的年龄特点，购买相应的书籍，供孩子日常阅读。下面是我的小儿子在一到六年级阅读过的部分精品图书。

《安徒生童话》《格林童话》《动物故事》《十万个为什么》《一千零一夜》《唐诗三百首》《伊索寓言》《中国少年儿童百科全书》《绿野仙踪》《草房子》《爱的教育》《草原上的小木屋》《老人与海》《寄小读者》《木偶奇遇记》《卓娅与舒拉的故事》《假如给我三天光明》《昆虫记》《海底两万里》《上下五千年》《钢铁是怎样炼成的》《鲁滨逊漂流记》《朱自清散文选》《朝花夕拾》《复活》《名人传》《西游记》《三国演义》《水浒传》

　　我的小儿子喜欢阅读，他不仅在图书馆借了很多书，也买了很多书，包括科学书、文学书、名人传记等，整整装了几个书柜，上面列举的书我家中书柜里都有，每天有空的时候，小儿子就会从书柜里拿一本书出来读。阅读让我的孩子有了丰富的知识储备，有了独立的思考能力，能够提出自己的独立见解。朋友们都说，我小儿子是一个很有想法，有创造力的孩子。

　　阅读可以提升一个人的素养。如果一个国家的人都爱上了阅读，就可以提升这个国家国民的综合素质。现在，地铁上、高铁上，大家都忙着看手机，有的在阅读，有的在工作，有的在看新闻，有的在玩游戏……虽然看手机也能学到一些知识，但是都是碎片化的知识，非常不系统。我认为，真正的阅读一定是看书。书籍是作者智慧的结晶，又经过编辑们加工，精细打磨，仔细锤炼，书籍中的语言比网络上的粗糙文字更有阅读价值。给孩子一本好书，让孩子在书中与有趣的灵魂对话，与优美的文字相遇，让文字滋养孩子的心灵。让孩子沿着书籍的阶梯成长，是一件美妙的事情。

有方法的阅读才有效果

　　我有一个朋友，经常抱怨他的孩子不爱阅读，实在没办法。他平时工作特别忙，没有时间陪孩子一起阅读，每次买一堆书往家里一放就不管了。孩子读了没有，怎么读的，他都没有时间过问。孩子可能只是把这些书翻看了一遍，并没有认真读进去。这样的阅读对孩子的成长并没有多大帮助。

阅读需要方法，有方法的阅读才有效果。阅读需要边读边思考，理解语言的逻辑关系，好的句子要摘抄下来变成自己的东西。用心读，读好书，阅读才能变成孩子的精神食粮。

提升孩子阅读体验的好方法

给孩子精选好书

不同年龄段的孩子喜欢读不同题材的书。学龄前孩子喜欢读童话绘本，小学低年级的孩子喜欢读漫画类童书，小学高年级的孩子喜欢读探险类图书，初中的孩子喜欢读推理类图书。给孩子买书时，要结合孩子的年龄特点，购买有趣有料，图文并茂，内容健康的书籍。这样可以让孩子主动阅读并得到提升。

陪孩子一起阅读

每天定一个时间全家一起阅读。在充满书香气的氛围中，孩子遇到阅读问题可以即时问家长，问题即时得到解决后，孩子会觉得阅读是一件愉快的事情，就会爱上阅读。

激发孩子的阅读兴趣

绘声绘色地给孩子讲故事，激发孩子对故事的兴趣。当孩子急于想了解下文时，可以停住，待第二天再讲，这样可以激发孩子的好奇心和阅读兴趣。

与孩子一起编故事

与孩子一起续写故事结尾，或者改编故事，使故事朝着一个新奇的方向发展。这样能培养孩子的理解力、想象力、逻辑思维能力和语言表达能力。

陪孩子表演故事

故事里一般都有好几个角色，可以与孩子分别扮演不同的角色，锻炼孩子的表演能力。表演时，分配好角色，配上音乐。家长还可以随机创造台词，增加喜剧效果。

鼓励孩子精读好书

孩子拿到一本新书，会觉得很新奇，会快速浏览了解书中的内容，这就是泛读。孩子往往泛读以后就把书放下了，但看过了和读进去是两码事，家长要引导孩子精读。精读需要边读边思考，反复读，将好的句子摘抄下来，好的段落背诵下来。

每本书都浓缩了作者的心血和智慧，如果只是一目十行，匆匆读过，就很难抓住书中的精髓。

精读遵循厚薄读书法

先把书"由薄变厚"

孩子初读一本书，要先慢慢读，不懂的生字要查字典，不懂的句子要理解分析，不懂的内容要通过查资料弄懂。这样书就"由薄变厚"了。

再把书"由厚变薄"

在深入理解的基础上，经过自己的思考，孩子要把书中的精华内容找出来，把书中精彩的句子抄出来，吸收书中的精华。这样书就"由厚变薄"了。

精读的好处：

1. 可以真正领悟作者的意图，对孩子的成长有帮助；

2. 可以借鉴书中的优美语言，丰富孩子的语言储备；

3. 可以学以致用，提升孩子的写作能力和语言表达能力。

海伦·凯勒说："一本书像一艘船，带领我们从狭隘的地方，驶向生活的无限广阔的海洋。"给孩子一本好书，就是给孩子广阔的成长空间，让孩子可以飞得更高，更远。

陪孩子读大自然这本无字书

在孩子读小学的六年里，我们家经常一起到户外去远足，去爬山，把北京周边的很多地方都走遍了。圆明园、颐和园、香山、植物园、蟒山、阳台山、凤凰岭、长城等地方，都留下了我们的身影。大自然犹如一本无字书，里面充满了许多奥秘，每一个细节，都能激发孩子的好奇心和探索欲望。

有时候，我们也会开车到京郊农村，去感知春回大地的勃勃生机；去欣赏夏天荷叶田田、蛙鸣虫唧的一季繁华；去采摘果实，感受金秋硕果累累的喜悦；去体验冬天的万籁俱寂。每一次出行，孩子都会有意想不到的收获。玩泥巴，挖蚯蚓，斗蛐蛐儿，放风筝，一次次的户外活动让孩子开阔了视野，增长了见识，锻炼了身体，陶冶了情操，也培养了孩子的观察力、想象力，磨练了孩子的意志。

大自然不仅让孩子收获了很多快乐，更收获了许多启示。大自然的物华天宝滋养了孩子的心灵，使孩子心怀朝阳，面朝大海。

亲近大自然的好处

丰富孩子的想象力

艺术大师梵高能创作出那么多富有想象力的作品，跟他童年亲近大自然有很大的关系。大自然潺潺的流水，婉转的鸟鸣，茂密的丛林，斑斓的四季，都能让孩子产生无限遐想，激发出孩子丰富的想象力。

锻炼孩子的观察力

大自然的风花雪月、四季更替、丰富的动植物，都能让孩子爱上观察，培养他们的观察力。

磨炼孩子的意志

在大自然中翻山越岭，摸爬滚打，很磨炼孩子的意志，锻炼孩子的耐力和毅力，使孩子生出面对困难和挫折的勇气。

陶冶孩子的情操

大自然广阔的空间可以让孩子无拘无束，自由地奔跑呼喊，释放一切压力，使他们的心情更轻松，性格更开朗。

培养孩子的爱心

不管是和蚂蚁玩耍，还是和蜗牛做朋友，都会让孩子知道，每一个生命都值得尊重，让孩子更有爱心。

提升学习兴趣

大自然是一本书，各种信息都会激发孩子的好奇心，启发孩子去思考，去探索。如孩子看到狗尾巴草、菟丝子、蒲公英等植物，就会产生很多问题，会主动去查资料解决问题，从而激发他们的学习兴趣。

孩子的小学阶段，正是为人生打下扎实学习基础的时期，多带孩子亲近大自然，可以丰富孩子的人生阅历，激发孩子的潜能，培养孩子的兴趣。

在行走中给孩子打开眼界

在孩子小时候，我们每年都会带孩子旅行。在旅途中看到的风景，经历的事情，比书本中的知识更生动有趣，更能给孩子留下深刻记忆。

记得有一年夏天的夜晚，我们开车行驶在安第斯山中。山高林密，雾气很重，前后没有一点光。那一带是野生棕熊的家园，可能会有棕熊出没。爸爸开玩笑问："会不会有一头棕熊挡在路上呢？"孩子有些担心："要是遇到棕熊怎么办？"我安慰孩子说："不用担心，可能性很小，比赢得大奖的几率都小。"其实我也不知道会不会遇到棕熊。就这样，带着一点点担心，我们在黑黢黢的森林里开了四个多小时，到半夜时分，隐隐约约看到了一个路口。我们顺着路开了进去，转过一个大弯，看到了小镇上的灯光。灯光在浓重的雾色中很朦胧。我们在小镇上找到了一家宾馆，但是已经满客了。店主说："我们镇上有五家宾馆，我可以给其他宾馆打电话，帮你们问问有没有空房。"店主打了一圈电话，只有一家宾馆剩下一间有烟房。我们虽然很想找一间无烟房，但是已经半夜了，再往前走又要走很远，我们就真诚地感谢了店主，接受了这间有烟房。店主非常友好，给我们画了路线图，我们很顺利地找到了那家宾馆。入住后发现房间挺大，也没有很明显的烟味，就住下来了。因为夜色朦胧，我们当晚并没有看清楚小镇的样貌。第二天早上出门，青山绿水，云雾缭绕，竟如仙境一般。小镇周围青山环绕，一条清澈的河流从小镇穿过，宾馆的房前屋后种满鲜花，美不胜收，真是意外之喜。

　　旅途中，总是有一些惊喜等着我们。记得有一次，我们开车行驶在内蒙古的一条乡村马路上，远远看到一大群羊正在陆陆续续地过马路。为了不打扰羊群，我们就把车停下来，等羊群过马路。羊群悠哉悠哉地走着，一波一波，头羊已经过去很远，最后面的羊还在远方。我们就静静地等着它们，一直等了二十多分钟，目送所有的羊都到了对面草场，我们才开车离开。我们要让孩子懂得，所有的生命都值得被尊重，不能因为我们需要过路就侵犯了羊的权利。

旅行对孩子的益处

增长见识，提升认知能力

旅行为孩子打开了一个广阔的世界，让孩子亲身感受到世界的丰富多彩，让孩子能够包容地、客观地看待世界。

增强体质，磨炼孩子的意志力

每天的户外运动不仅能锻炼身体，愉悦心情，还能磨炼孩子的意志力，提升孩子的自信，使孩子遇到困难不畏惧，能够积极想办法。

培养孩子开朗的性格，增进亲子感情

在旅行中，孩子有机会结识各种人，与各种人打交道，性格也会变得阳光开朗。一家人在旅途中朝夕相处，有很多机会交流感情和想法，让亲子关系更加亲密。

提升孩子的生活能力和解决问题的能力

旅行中会有很多不便，还会有各种意想不到的事情发生，这些能促使孩子学会担当，与大人一起面对困难，提升了孩子的生活能力和解决问题的能力。

西方哲学家奥古斯丁有一句名言，"世界是一本书，而不旅行的人们只读了其中的一页。"我们带孩子去旅行，就是让孩子去读世界这本书，用眼睛去观看世界的多姿多彩，用脚步去丈量世界的辽阔，用心灵去感知世界的冷暖。在旅行中，让孩子用开阔的视野和胸怀，去接纳世界的不同，学习借鉴各种文明成果，成为对社会有用的人。

家长自修室

我是不是用心给孩子挑选了很多有品质的童书？我是如何陪伴孩子阅读的？我的方法是否合适？

4

赋予孩子
成长的力量

在孩子心中种下梦想，比给孩子留下一笔财富更有价值。

孩子有了梦想，他的人生就充满了无限可能。

在孩子心中种下梦想

在孩子们童年时，我和先生就在孩子们心中种下了梦想。先生经常给他们讲名人故事，让那些了不起的、影响世界的名人影响孩子，使孩子心里长出梦想的大树。

我们家讲的名人故事包括古今中外的名人故事，尤其是企业家和科学家的故事最多，比如爱迪生、莱特兄弟、牛顿、乔布斯、比尔·盖茨、任正非、王传福、曹德旺、邵逸夫的故事等。孩子们在这些名人的影响下，从小就树立了梦想。大儿子想成为一名出色的企业家，小儿子想成为一名科学家。

　　梦想是孩子人生的发动机，孩子有了梦想，就能自我驱动，自我激励。

　　但是，孩子的梦想必须得到家长的支持和祝福后才能插上翅膀飞起来。

　　我认识一个孩子，从小挺机灵，也有很多想法。有一天他对妈妈说："我长大要当宇航员，坐宇宙飞船到太空去搞科学实验。"妈妈笑话他说："孩子，别做白日梦了，你长大能挣钱养活自己，妈妈就烧高香了。"孩子的梦想没有得到妈妈的祝福，他特别沮丧，不再"做梦"了。后来这个孩子学习也不怎么样，找了一份工作，只能养活自己，如他妈妈所愿。

　　童年是梦想的故乡，如果家长不给孩子支持和祝福，孩子就不会有梦想。没有梦想的孩子，自然动力不足，进取心不强。家长一定不要成为掐灭孩子心中火焰的人。

帮助孩子，让梦想成真

把梦想化整为零

孩子有了梦想，就要帮助孩子实现梦想。第一步，是把梦想化整为零，分成阶段性的小目标，一个一个去实现它。第二步，这些小目标要明确具体，分解到每一天去完成。这样，孩子才会一步步靠近梦想。

激励孩子为梦想而努力

每一个孩子都会懈怠，所以，家长的激励就很重要。"你是一个有梦想的孩子，你好棒。""你将来一定会成为一个了不起的人。"经常激励孩子，让孩子能不断自我驱动。

让孩子自我管理

一个有梦想的孩子会有自我管理的能力。帮助孩子做好时间规划，安排好每天的时间，让孩子每一天都能高效地完成学习任务，用每一日的努力成就梦想。

激励孩子持续努力

家长需要培养孩子做事情的耐心，告诉孩子坚持是成就一个人最大的法宝。如果半途而废，那梦想只能是空想。把孩子崇拜的名人树立成孩子的人生导师，激励孩子向名人学习。

培养孩子的创新思维能力

想让孩子实现梦想，必须培养孩子的创新思维能力。平时可以给孩子多安排一些活动，例如围棋、数独、逻辑思维游戏等，让孩子的思维能力得到训练，使孩子想象力更丰富，思维更开阔，想法更富有创造性。

梦想是孩子成长的翅膀。越来越多的事实证明，梦想对孩子影响极大。一个人有了梦想，就像在路途中认出了北斗七星一样，可以在迷路时找到正确的道路。

在孩子心中种下梦想，比给孩子留下一笔财产更有价值。孩子有了梦想，心里就有了目标，他的人生就充满了无限可能。

教孩子做一个善良的人

我的父亲是一位正骨医生，一生乐善好施，不辞辛苦地为很多人正骨，几十年如一日。母亲宅心仁厚，总是为别人着想。在父母的影响下，我们家形成了良好的家风，一家人都与人为善。

在家风的影响下，我一直重视孩子们的品格培养。在他们小的时候，我就言传身教，让他们成为善良、心中有爱的人。那时候，路边常有乞讨的人，每次遇见，我都会让孩子们给乞讨的人一些钱。我对孩子们说："他们不容易，只要我们能帮，就要帮助他们。"后来孩子们都养成了这种习惯，会主动帮助别人，自己有好东西也会主动与人分享。记得大儿子小时候，有一天我带他到海洋馆去玩。他拿着一辆刚买的小汽车，爱不释手。在海洋馆，有一个小朋友想玩他的小汽车，他就和小朋友一起玩。几分钟后，他就把小汽车送给那个小朋友了。我问："你不喜欢这辆小汽车了吗？"他说："喜欢。可是那个小朋友想要，我就送给他了。"我不禁笑了。这孩子心地特别善良，从小不会拒绝别人，总是把自己喜欢的东西送给别人。于是，我说："送就送吧，你开心就行。"

我的一位朋友说："我很少见到像你儿子那样的孩子，他的眼睛里有温暖的光。"

我的两个孩子从小学到初中，参加过很多义工活动，比如帮贫困山区的农民卖小米，为老年中心的老人进行义务演出，为无家可归的儿童捐书，通过联合国儿童基金会为非洲儿童捐款，为叙利亚战乱中的孩子捐款，等等。在分享爱心的过程中，他们的心胸也变得很开阔，不会为一些小事情斤斤计较。我很欣慰把他们培养成了善良的人，他们能真挚地与周围人相处，用善良的心对待他人。

培养孩子的善良之心

做孩子的榜样

家长是孩子学习的榜样。家长的一言一行都在无形中影响着孩子。所以，家长要从自我做起，做一个善良的人，善待家人，善待周边的人，给孩子做好榜样。我们怎样对待别人，孩子就会怎样对待世界。

培养孩子的同情心

同情心是一种重要的品质。我们有责任让孩子的内心世界柔软而有温度。从小培养孩子的同情心，提升孩子共情的能力，让孩子学会理解别人的处境，并从行动上帮助别人。

教孩子学会换位思考

让孩子在看待别人的行为时，学会站在别人的角度思考，这样孩子就会多一种视角看世界，少一些不必要的烦恼。

让孩子学会包容

不要教孩子处理矛盾与分歧时与别人针锋相对。有的家长会教孩子用拳头解决问题，这种教育方法会影响孩子的人际关系，也让孩子的内心世界变得狭窄。教孩子宽容，让孩子学会多包容别人一些，就会减少孩子与别人的矛盾，孩子的人生也会少一些挫折。

　　善良看似柔软，其实非常有力量，能给落魄者以温暖，给灰心者以激励，给痛苦者以希望。善良是灵魂最美的乐章。一个拥有聪明、勇敢、坚强等优良品质的孩子，他的仁爱之心会让他更加优秀。

培养孩子的独立精神

　　大儿子小的时候，我比较忙，于是对大儿子实行放养式教育，让他自由成长，不多管束，他能做的事情就让他做。所以他养成了独立的习惯，遇到事情就自己解决，不依赖我。小儿子出生后，我全职带了他几年。因为时间富余，我就包办了小儿子的日常事务，替他收拾书包，整理房间，收纳玩具，结果小儿子就不做这些事了。我意识到自己手伸得太长了，太勤快的妈妈会养出懒孩子。于是，我就放手让小儿子管理他自己的事务，他能做的事情让他做，比如让他自己背着书包去上学，我悄悄跟在后面。真是不能低估孩子的能力，后来小儿子也把自己的事情料理得挺好。

　　我认识到，对孩子的不放心其实是对孩子的不信任，不信任孩子有能力干好自己的事情。而这种不信任，不是源于孩子的能力不够，而是源于我自己担心太多。这是一种母亲的"通病"。

　　很多母亲都是因为太爱孩子，担心孩子这做不好，那做不好，恨不得亲自帮孩子搞定所有的事情。有的母亲甚至替孩子做作业，让孩子抄答案。家长整天殚精竭虑，想让孩子避开所有的坑，不吃一点苦。这样做的结果，是把孩子养成了"大宝宝"，看起来是爱孩子，实际是在给孩子挖坑，让孩子失去生活能力。

　　家长当全能家长，就会剥夺孩子成为全能孩子的机会。把孩子的成长权利还给孩子，让孩子去经历各个年龄段该经历的一切，是对孩子负责任。

　　现在的孩子完全有能力管好自己的事务。我们要做的就是放手，不再包办孩子的事情。把孩子的事情还给孩子，让孩子用自己的大脑和双手完成自己的事情。

培养孩子的独立生活能力

有意识地放权

　　让孩子自己去处理自己的事情，不要过多干预和参与。家长只在孩子需要时进行一些必要的指导协助，其他时候让孩子自己去解决遇到的问题。

允许孩子做错

家长不要担心孩子做错事情或者做得不好，要对孩子保持足够的耐心。孩子没有经验，做错事是正常的，做得多了就会了。成功和失败对孩子都有意义。

让孩子当两天家

每个周末，让孩子当两天家。把家里的财务管理权、决策权交给孩子，让孩子计划家庭开支，安排家庭分工，制订家庭出行计划。家长主动配合孩子工作，给孩子当助手，服从孩子安排，必要时提出建议，让孩子在实践中学习安排事情和解决问题。

培养孩子的独立思考能力

孩子上小学以后，阅历不断丰富，思维能力不断提升，提出的问题也越来越多，越来越复杂，经常让家长回答不了。我们要以积极的心态看待孩子提问题，大力表扬孩子的思考精神，鼓励孩子去查资料研究这些问题。这种引领式教育更能激发孩子的思考欲，培养孩子独立思考的能力。

每当孩子提出有意思的问题时，我都会大大表扬一番，告诉孩子，你很善于动脑筋，想得很好。但是你的问题很难，妈妈还回答不了，你可以上网查一下资料，看正确的答案是什么。这样他就会去学习查资料。当他把查到的结果告诉我时，我就会说："真是让妈妈长见识了，我之前还真不知道呢。你再有问题，就去查资料，这样能学到很多不知道的知识。"孩子很开心，越来越喜欢思考问题，喜欢自己去查资料解决问题了。

我小儿子喜欢思考，他经常有很多独特的见解。但是不爱在课堂上表达出来。我就问他："为什么不把想法说出来呢？"他说，在课堂上滔滔不绝地说话显得很幼稚，他不会这样做。我说："你有好想法不说出来，别人就不知道你有好想法。想法只有通过交流才能共享和完善，有想法一定要说出来。"后来，孩子渐渐开始喜欢表达自己的想法了，还加入了学校的中英文辩论队，多次参加国际比赛。

培养孩子的独立思考能力

家长不要代替孩子思考

不要用家长的想法代替孩子思考，也不要把家长的思想装进孩子的大脑。培养孩子的独立思考能力比学习知识更重要。

引导孩子独立思考问题

当孩子遇到问题时，引导孩子去思考，而不是告诉孩子怎么做。孩子经过思考，就掌握了思考这个问题和解决这个问题的方法，下次遇到类似问题时就会触类旁通，举一反三。

鼓励孩子坚持自己的想法

当孩子经过独立思考有了自己的想法时，鼓励孩子坚持自己的想法。告诉孩子即使与别人的想法不一样，也不要自我怀疑，人云亦云。

鼓励孩子表达自己的想法

有些孩子性格比较内向，有了想法也不说出来，这在学习过程中不利于交流。鼓励孩子有了想法就说出来，这样别人才知道自己的想法。告诉孩子在表达自己的想法时，要有先后顺序，让别人容易理解。

让孩子在自信中成长

　　我常对孩子们说："我们之所以会认为一些事情难，是因为我们在心里把事情想得很难。只要相信自己，积极行动起来，很多事情都没有那么难。"在我的影响下，两个孩子都挺自信的，无论遇到学习中还是生活中的难题，他们都敢于面对，敢于尝试。

自信能让孩子保持积极的心理状态，主动去实现自己的目标。我们多鼓励孩子，给孩子加油，孩子的内心就会充满能量。

家庭教育的一个重要目的，是让孩子学会自我肯定，因为一个孩子如果不能够肯定自己，不认可自己的价值，就会失去自信，没有自信的孩子就没有锐意进取的动力。

每一个孩子都有自己的优势，家长要善于发现孩子的优势，鼓励孩子发挥优势，让孩子创造价值。

帮助孩子建立自信的方法

不与别人家的孩子做比较

拿自己孩子的短处与别人家孩子的长处做比较，然后在比较中否定自己的孩子，这是对孩子最大的伤害。每一个孩子既有优点，也有缺点，多欣赏和肯定孩子的优点，才能让孩子自信。

多肯定和表扬孩子的努力

在孩子取得一些进步时，家长要大力表扬孩子，肯定孩子的努力，让孩子为自己的努力而骄傲。这样会激发孩子的自信心，让孩子持续努力。

把握好对孩子的宽严尺度

孩子心灵的成长需要一个宽松的环境，过于严厉的家长培养不出内心自信的孩子。当孩子做事情出差错时，不要否定孩子，要多肯定和鼓励，让孩子有信心继续努力下去。

多理解和信任孩子

当孩子犯错时，家长不要斥责孩子，要多理解孩子，站在孩子的角度引导他正确看待错误。对孩子信任，就会让孩子有信心，敢于继续努力尝试。

我们要帮助孩子实现他的价值，使他拥有灿烂的人生。

家长自修室

　　我有没有帮助孩子建立自信？我采用的方法是不是合适？我为塑造孩子的人格做出了哪些努力？

5

培养孩子的核心竞争力

未来的世界是属于孩子的，培养孩子的核心竞争力，
让孩子在未来充满无限可能。

培养敏锐的观察力

对孩子来说，观察力是一种重要的能力。从小培养孩子的观察力，让孩子通过眼睛去观察世界，认识世界，发现很多现象背后的奥秘，是非常必要的，这样可以引导孩子走进科学的世界。

在我孩子上小学的几年里，我经常开车带孩子到北京周边玩，香山是我们常去的地方。每次与孩子登上香炉峰，远眺八大处、百望山、凤凰岭，孩子都能感受到大自然的鬼斧神工，感叹大自然的神奇造化。

香山上物种很多，可以培养孩子的观察力。孩子总是观察到各种现象，好奇地提出各种问题。例如，枫叶在秋天为什么会变成红色？小松鼠为什么能在树枝上跳来跳去？蝉是怎么发出声音的？蜜蜂是怎样采蜜？当他提出这些问题时，我并不着急回答他，而是引导他自己去思考。比如他问："枫叶在秋天为什么会变成红色？"我说："对呀，为什么会变成红色呢？"他想了想，说："是因为秋天天气变凉了，太阳照射得少了。"我说："很有道理。那为什么太阳照射少了，枫叶就会变成红色的呢？"孩子在自己大脑的知识库里搜了半天，没找到答案。我说："将这作为一个小课题，你研究一下。"孩子查完资料，告诉我："枫叶变红的原理，是天气变凉以后，枫叶里的叶绿素减少，花青素和胡萝卜素增多，所以枫叶在秋天会变成红色。"

我一听，孩子不仅查清楚了枫叶变红的原理，还能准确地表述出来，就夸奖他："你看，你不仅学会了观察，学会了思考，学会了查资料研究问题，还能把结果讲述清楚。你好棒哦！"孩子特别高兴，说："妈妈，我观察到香山有好几种红叶树，我再去查一下它们的品种。"我极大地赞扬了孩子："特别好。你找到了很好的学习方法，以后就这样做。"

观察为孩子打开了一扇走进自然世界的大门，把书本知识与大自然相结合，使书本知识鲜活起来，不再枯燥无味。

如何培养孩子的观察力

激发孩子的兴趣

给孩子提供一些线索，激发孩子观察的兴趣。兴趣是最好的老师，它会引领孩子主动去观察事物的细节，去发现隐藏的秘密。

培养孩子观察的敏锐性

每个事物都有特征，连最细微的事物里都有未被认识到的特征。引导孩子仔细探索和发现事物的独特之处，培养孩子观察的敏锐性。

带着问题去观察

启发孩子多想一些为什么，带着问题去观察，这样不仅能培养孩子的观察力，还能培养孩子的思维能力。

训练孩子的专注力

小学生的专注力还比较差，经常会被感兴趣的事情吸引而走神，因此要通过观察训练孩子的专注力。

鼓励孩子写观察笔记

写观察笔记能促使孩子关注细节，提升观察的敏锐性。还能提升孩子的写作能力、收集资料和整理信息的能力。

世界上没有完全相同的两片树叶，任何一个事物都有区别于其他事物的细微之处。引导孩子去仔细观察自然万物的特征，挖掘它与众不同的地方，从大家都熟知的现象中，观察出特别之处，并将它写下来，从而培养孩子敏锐的观察力和不畏险阻的科学精神。

提升孩子的注意力

古生物学家乔治·居维叶说："注意力是学习的窗口，没有它，知识就照不进来。"说明如果注意力不集中，就难以学好知识。

注意力是记忆历程的第一道关口。当孩子专注于学习时，大脑皮层就会形成一个优势兴奋中心，这会加深记忆，提升学习效果。如果孩子分心，大脑皮层就会同时形成两个兴奋中心，这必然对记忆造成干扰，影响记忆效果。

一些孩子学习成绩不好，不是不聪明，而是注意力不集中，没有专心听讲，没有及时把老师讲的知识弄懂。

注意力是一种非智力因素，与学习效率有着密切的关系。一个注意力差的学生会因为一点小小的脚步声、铅笔落地的声音而中断听课，而一个注意力好的学习者则会约束自己不去理会这些事情，将注意力集中到学习上。孩子注意力是否集中，直接影响着学习效果。

注意力训练技巧

训练孩子的抗干扰能力

带孩子到嘈杂的环境中，给孩子一本有趣的书，让孩子沉浸到书的世界里，对周围的一切声响充耳不闻。这样可以训练孩子的抗干扰能力。

排除内心的干扰

当孩子内心很多烦恼时，是无法静下心来学习的。这时需要帮助孩子排除内心的干扰，解除孩子的烦恼因素，这样孩子才能心态平和地学习。也可以训练孩子的情绪管理能力，比如教孩子学习调息，找一个舒适的姿势坐好，全身放松，做深呼吸。让孩子把气吸进腹腔，吸满，然后慢慢呼出去，呼透。循环往复，孩子的心情就会慢慢平静下来。

练习在注意力集中状态下做事

给孩子做一些注意力练习，比如画画、下棋、做手工、用筷子把豆子从一个碗里夹到另一个碗里等。孩子慢慢就能养成专注的习惯。

不要对孩子做不良的心理暗示

如果经常对孩子说："你注意力不集中，喜欢一心二用。"孩子就很容易受到心理暗示，放弃自我管理。如果说："我相信你能集中注意力看书。"孩子就会受到积极的心理暗示，进行自我管理，养成专注的习惯。

根据注意力的特点安排孩子学习

孩子的注意力会间歇性地加强和减弱。而且每一个年龄段的孩子注意力集中的时间长度不同。一般来说，小学生的注意力能集中 20 分钟左右，之后就会分散。所以，给处于小学阶段的孩子安排学习时，过 20 分钟要让孩子放松一下。掌握好节奏，孩子就能够集中注意力做事。

合理休息，恢复注意力

孩子疲劳时，注意力容易涣散。所以，让孩子养成早睡的习惯，保证睡眠充足，让孩子有足够的精力学习。

给孩子插上想象的翅膀

　　我小儿子从小看了很多动画片和科幻书，还有特别多关于太空和大自然的纪录片，这些都大大丰富了他的想象力，提高了他的创新思维能力。记得他上小学时，对浩渺的宇宙非常着迷，任何相关的记录片、科幻书他都看，幻想着长大了，穿上宇航服在太空飞行。他喜欢自己动手做手工，搞一些小发明、小制作，这些都充分展示出他与众不同的想象力。

上中学时，他报名参加了由多国宇航局组织的国际太空城市设计大赛，他组建了一个太空定居设计模拟小组，与组员分工合作，设计出了一整套在火星上开发资源，制造淡水，建设社区，让地球人移民到火星上的方案。经过一年半的角逐，他们队从初赛、晋级赛、半决赛到决赛，一路过关斩将，最终获得这次国际太空城市设计大赛团体亚军。他从书籍里学到的知识，以及通过纪录片学到的知识，都派上了用场。

每一个孩子都有想象力。但是有的孩子想象力特别丰富，有的孩子想象力比较薄弱。这与家长对孩子想象力的开发与否有很大关系。当孩子小时候有各种奇奇怪怪的想法时，家长一定要肯定和鼓励孩子去想象。想象能够充分激发孩子大脑潜藏的能量，使大脑变得活跃。

如果家长对孩子荒诞不经的想法经常予以否定，那孩子的想象力就会弱化，想象的翅膀就被折断了。

如何训练孩子的想象力

广泛阅读

书籍是滋生想象力的土壤，阅读可以开发孩子大脑的想象力。书籍中的故事情节、文字描述可以激发孩子的想象力；书籍中的知识可以丰富孩子的知识储备，为想象力提供素材；书籍中的思想和观点，可以拓展孩子思维的深度和广度，为孩子打开想象的空间。

多带孩子接触外部世界

多带孩子听音乐会，参观博物馆、植物园、动物园，接触大自然，让孩子从各种见闻中获取素材，丰富孩子的想象力。

鼓励孩子积极思考，大胆想象

不要给孩子灌输太多固有想法，解放孩子的思想，打开孩子的思维空间，让孩子自己去观察，去思考，去想象。这样孩子就不会被思维定式约束住，就能够自由联想。

重视孩子右脑的开发

我们的大脑分为左右两部分。左脑主要负责逻辑思维，右脑主要负责形象思维。右脑像一个万能博士，主管着许多高级思维。把孩子右脑的潜力发掘出来，孩子就会有很好的想象力和创新能力。

右脑又称为"潜意识脑""创造脑",主要负责直觉、情感、身体协调、视觉、美术、音乐、想象以及空间记忆等功能。

所以,家长要重视对孩子右脑的开发。

如何开发右脑

尝试多用左手操作工具

右脑主管左边身体的功能,多使用左手可以开发右脑。例如尝试用左手刷牙、吃饭、画画、操作工具等,在熟能生巧中锻炼右脑。

多听音乐,多涂鸦

因为右脑与音乐、绘画、空间感以及想象力等相关联,多听音乐,多绘画都是开发右脑的好方法。

弹琴是开发右脑的好方法

弹琴时随着双手指尖的运动，可以把大脑皮层中的机能激发出来，使右脑潜能得到开发。

运动有助于右脑开发

多进行左右手和左右脚参与的体育运动，如打篮球、跳绳、游泳、跑步等，能有效地开发右脑，使大脑的潜能得到激发。

拓展孩子的思维能力

　　思维能力是智力活动的核心。思维能力强的孩子思路更开阔，更富有创造性。培养孩子的思维能力是教育的一个重要目的。所以，我一直很重视对孩子思维能力的培养。我相信，孩子思维能力越强，学习就会越容易。

如何培养孩子的思维能力

创造民主的家庭环境

给孩子创造民主的家庭环境，让孩子可以畅所欲言。自由的家庭环境才不会约束孩子的大脑。如果家长太强势，对孩子管束太多，孩子的个性就会被压制，思想就会被局限。时间长了，孩子就会思维懒惰，缺少主见。

多给孩子提问题

问题是思维的起点，如果孩子经常面对各种问题，并且努力思考去解决问题，他的思维就会很活跃。家长可以经常给孩子提一些开放性的、没有固定答案的问题，让孩子去思考。比如："如果马路上的汽车都是黑色，会怎么样呢？"这个问题没有固定答案，孩子可以自由思考。

引导孩子独立思考

当孩子遇到难题时，不要急着给孩子讲答案，而是引导孩子去思考，让孩子去看书，查资料，自己寻找答案。这样能让孩子养成独立思考的习惯。

引导孩子养成探索精神

孩子天生好奇心强，喜欢对自己的玩具拆拆装装，家长不要因为舍不得东西而限制孩子的行为，否则就会削弱孩子的好奇心。孩子在探索过程中会产生各种各样的想法，这些想法又会促使孩子去探索，从而让孩子有了探索精神。

让孩子独立处理问题

孩子遇到的各种难题，只要不是危及孩子安全的问题，家长就要让孩子自己去想办法解决。如果问题太棘手，家长可以提建议，启发孩子的思路。在解决问题的过程中，孩子独立解决问题的能力就会大大提升。

增长孩子的见识

孩子由于知识和经验不丰富，考虑问题会很片面。所以平时要多带孩子见世面，多陪孩子阅读。当孩子见识广了，思维就会打开。

培养孩子的逻辑推理能力

逻辑推理能力是一种重要的思维能力。给孩子买一些逻辑推理游戏的书，让孩子多看看，从而训练孩子的逻辑推理能力。

训练孩子的逆向思维能力

孩子小时候，思维经常是单向的，单向思维难以适应复杂的学习。当孩子学习比较复杂的内容时，就要具备逆向思维能力，从相反方向思考。很多数学问题需要逆向思考，训练孩子的逆向思维能力，孩子就更容易学好数学。

让孩子学会换一种思维角度思考问题

数学老师在教学中，经常会让学生运用数学公式反复做题，从而熟能生巧。这其实就让学生形成了思维定式。思维定式能够让学生使用熟悉的方法迅速解决问题，但是思维定式容易成为束缚学生创造性思维的枷锁，使学生陷入思维惰性，不去创新思考，从而削弱学生的想象力和创造力。所以，要经常让孩子换一种思维角度思考问题，打破思维定式，让孩子能够多维度思考问题。

顺应孩子的思维特点培养孩子

孩子上小学之前，思维方式是以直观思维和形象思维为主，只能对自己感受到的和看到的事物进行直观反应和表述，不会分析和推理。

上小学以后，经过一系列思维训练，孩子能够运用逻辑思维、逆向思维分析问题，解决问题。成人的思维系统里有很多固化的条条框框，但孩子的思维系统简单纯净，没有条条框框，具备无限的可能性，家长不能用固化的思维来纠正孩子的思维，要求孩子按照家长自己的想法去思考。家长要顺应孩子的思维特点去培养孩子，鼓励孩子大胆想象，积极创造。一定要打破约束孩子成长的条条框框，给孩子无限可能。

帮孩子找到最佳记忆方法

我们的大脑就像一台高级存储器，可以储存大约 5 亿本书的知识量。但是，为什么孩子们想记住知识却很困难呢？

这是因为大脑要经过一个从瞬时记忆、短时记忆到长时记忆的周期，才能把知识储存到记忆库里。当记忆发生时，大脑处于瞬时记忆阶段，只能记住数秒时间。如果复习一遍瞬时记忆的信息，就能把这些信息存入短时记忆。短时记忆一般持续不超过一分钟，如果继续进行复习，就能将这些信息转化成长时记忆。

之所以会这样，是因为我们的大脑有一个遗忘规律，在记忆开始以后，遗忘也就同时开始了。

德国心理学家艾宾浩斯通过研究发现，在记忆开始之后，遗忘也立即开始，而且遗忘的速度先快到慢。记忆发生 20 分钟后，只能记住 58.2% 的内容；1 个小时以后，只能记住 44.2% 的内容；9 个小时以后，只能记住 35.8% 的内容；1 天以后只能记住 33.7% 的内容；2 天以后只能记住 27.8% 的内容；6 天以后只能记住 25.4% 的内容。也就是说，6 天后基本上忘掉了四分之三的内容。下图就是著名的艾宾浩斯遗忘曲线。

所以，孩子们需要不断复习才能记住所学知识。

那有没有捷径可以走呢？

答案是有的。有一些记忆方法可以帮助孩子不用太多时间记住所学知识，提高学习效率。下面我就介绍一些实用的记忆方法。

帮助孩子提升记忆力的方法

通过理解进行记忆

很多知识是很抽象的，抽象的知识在大脑中不能形成图像，很难记住，即使记住也很容易遗忘，例如数学公式。但是可以通过理解的方式，把要记忆的内容转换为清晰的图像，把乏味的概念进行简化，这样抽象的知识就容易记住了。同时，图像记忆保存的时间会较长久。孩子通过理解进行记忆，就可以花较少的时间记住所学知识。

利用大脑记忆规律加深记忆

大脑的记忆是有规律可循的，如果能够掌握大脑记忆的规律性，孩子就会比较容易记住要记忆的内容。比如，大脑喜欢色彩，可以用彩色马克笔标记出重点来帮助孩子加强记忆；大脑喜欢图像，可以把抽象概念设计成图表来帮助孩子记忆；大脑喜欢问题，可以把要记忆的内容设计成问题；大脑有记忆的最佳时间段，比如上午9点到11点，下午3点到5点，晚上8点到10点，可以在这些时间段学习较难记住的知识；大脑集中注意力的时长只有 20 分钟，那就要让孩子在大脑疲劳期来临时及时休息；大脑记忆需要重复，可以让孩子通过复习加深记忆。利用大脑的这些记忆规律来记忆，就能提升孩子的记忆效果。

多吃能增强记忆力的食物

我们的大脑皮层有超过 140 亿个神经细胞在不停地进行着复杂的工作，因此我们需要经常给大脑补充营养。多给孩子吃有营养的食物，使孩子的思维更敏捷，注意力更集中，更富有创造力和想象力。

这些食物包括：

（1）牛奶。如果用脑过度或失眠时，睡前喝一杯热牛奶有助养脑和睡眠。

（2）鸡蛋。每天吃 1 至 2 个鸡蛋，可以给大脑补充足够的乙酰胆碱，增强记忆力。

（3）鱼类。鱼肉可以给大脑提供丰富的卵磷脂，对大脑细胞活力有促进作用。

除以上食物外，花生、小米、玉米、黄花菜、菠菜、橘子、菠萝等，都能增强记忆力，平时可以让孩子多吃一些。

锻炼孩子的应变能力

我们家每年都会带孩子出去旅游，让孩子参与到解决各种问题的过程中，告诉孩子，遇到这些问题应该怎样解决。通过言传身教，锻炼孩子的应变能力。

孩子如果长期生活在家长的庇护之下，就会缺少生活经验，缺乏处理突发情况的应变能力。现实生活中总是会发生一些意想不到的事情，从小锻炼孩子的应变能力，使孩子在遇到突发情况时能够从容应对，这是对孩子最好的保护。

如何判断孩子是否具有良好的应变能力

如果孩子能够在期末考试时心态平和，在陌生环境中应对自如，遇到问题时能够提出可行性解决方法，孩子就具有了良好的应变能力。如果孩子遇到事情不知如何应对，遇到问题不知如何解决，就说明孩子缺乏应变能力，需要家长想办法来锻炼孩子的应变能力。

如何锻炼孩子的应变能力

经常给孩子提启发性问题

孩子的好奇心和模仿力使得孩子从小就乐意去探究新鲜事物，家长经常给孩子提一些实际生活中可能遇到的问题，能刺激孩子不断用脑思考，从而提升孩子思维的敏锐性。比如，遇到火灾了你会怎么办？在逛街的时候走失了该怎么办？有人在众人面前诋毁你怎么办？小朋友之间出现矛盾该如何解决？家长有意识地通过提问来启发孩子思考，让孩子说出自己的想法，再给孩子分析最佳的应对方法。这样孩子在遇到突发情况时就能保持头脑清醒，快速思考解决办法，机智应对。

多带孩子参加各种活动

见多才能识广。家长可以多带孩子参加各种活动，让孩子在活动中提升思考能力和解决问题的能力。丰富的活动能够给孩子

提供更多的实践机会，使孩子积累更多的生活经验，提升自己的
应变能力。

比如带孩子参加野营训练，模拟逃生游戏等，使孩子在模拟
游戏中思考解决眼前困境的方法。老师或者家长要给予正确的引
导和演示，使孩子在观察和实践中提升应变能力。

建立"条条道路通罗马"的思维意识

让孩子想办法解决问题

当孩子遇到困难问题时，不要急着去给孩子出谋划策，而应
鼓励孩子想出不同的方法去解决问题，这样孩子就能学会从多个
角度思考问题，解决问题，而不是陷入思维定式中。思维定式是
禁锢孩子思考问题和解决问题的僵化模式，我们不能用僵化的模
式教育孩子，而是要让孩子学着从多角度思考问题，多途径解决

问题，这样孩子的应变能力才会更强。

让孩子独自去承担事情

在日常生活中，大胆放手让孩子独立完成力所能及的事情。孩子即使做得不好也没有关系，孩子就是要在犯错、纠错中成长。吃一堑，长一智，孩子经历多了，自然就会有更多智慧和经验去应对各种挑战。

需要锻炼孩子的哪些应变能力

锻炼孩子感知自己身体和心理变化的能力

让孩子在身体某个部位不舒服时，能及时告诉家长；心里有烦恼时，知道向家长倾诉。

锻炼孩子适应周围环境变化的能力

当进入一个新学校时，让孩子能够快速熟悉环境，与同学交上朋友，与老师建立起联系，适应新的教学方式。

锻炼孩子对突发情况的应变能力

让孩子在遇到地震、火灾时，知道怎样快速逃生避险；在遇到煤气泄露时，知道怎样去处置。多教孩子一些逃生知识，让孩子在突发事件面前能够冷静应对，而不是惊慌失措。

锻炼孩子的灵活应对能力

教孩子学会识别好人与坏人。要让孩子有防范意识，学会从细节做出分析判断，然后灵活应对。

培养孩子的判断力

在信息化时代，判断力逐渐成为一种核心竞争力。人生该往哪里走，朝哪个方向努力，都需要做出判断。一个人判断力的强弱决定他是否能抓住机遇，走向成功。现在大家都认可一句话："方向不对，一切白费。"一个人判断力的强弱直接影响着他的未来。所以，从小培养孩子的判断力是对孩子负责。

可是在生活中，很多家长总是替孩子做决定，变相剥夺了孩子对各种事情做出分析、判断、选择的机会，使孩子在需要做出分析、判断、选择时没有经验，不知如何做。缺乏判断力的孩子往往特别"乖"，很"听话"，从众心理强，这会降低孩子的竞争力。

在学校，孩子需要对学习上的各种问题做出分析判断；对同学的行为做出是非判断；对自己要做的事情做出选择判断……孩子每天面对很多情况，都需要自己进行判断。因此培养孩子的判断力尤为重要。

孩子缺乏判断力的原因

家长太强势

上小学的孩子，内心已经有很多自己的想法了，他们希望家长少一些"禁令"，给自己多一些自由。但是不少家长还是喜欢包办孩子的事情，替孩子做决定。这样做的结果就是孩子会形成依赖心理，不爱动脑筋，时间长了就没有独立的判断力。

孩子大脑里装了太多条条框框

在孩子小的时候，如果家长给孩子定了太多条条框框，告诉孩子这个不能做，那个不能做，孩子就会缺乏创造性思维，思路打不开，遇到问题不知如何思考，也不容易做出判断。

如何从小培养孩子的判断力

家庭教育要避免家长说了算，要为孩子创造自由宽松的家庭环境，给孩子自由表达想法的机会，从而提升孩子表达意见和分析问题的能力。

给孩子做决定的机会

一些家长习惯替孩子做决定，这是不对的。孩子需要成长，需要自己做决定，家长要给孩子创造做决定的机会，锻炼孩子的判断力和决策能力。

引导孩子做判断

当孩子缺乏判断力时，家长可以给孩子提供指导，通过"尝试—出错—尝试—正确"的方式，让孩子通过实践来锻炼自己的判断力。比如教孩子做菜，让孩子自己搭配食材、调料，选择烹饪方法，让孩子通过实践验证自己的判断是否正确。孩子只有在冒着犯错误的风险独自做事时，才能锻炼自己的判断力。

鼓励孩子坚持自己的判断

孩子因为社会阅历浅，经验不足，在做出决定时会受别人想法的干扰，不敢坚持自己的判断。家长要鼓励孩子坚持自己的立场，只要自己认为是正确的想法，就要大胆坚持。这样孩子才会有主见。

让孩子体验判断失误的后果

家长不必担心孩子因判断失误而导致的后果，孩子是在学习中成长的，向错误学习也是一种学习。吃一堑，长一智，孩子在判断失误中学到的经验才记忆深刻。孩子会在不断总结经验的过程中，越来越有能力做出正确判断。

为孩子推开创造力的窗

　　我小儿子小时候是科技馆的常客。我们每次去都会在里面待几个小时，玩各种富有创意的项目。科技馆里的设施经常更换，所以常去常新。这些设施都是按照科学原理设计的，特别有趣味性，孩子每次去都玩得不亦乐乎。孩子在玩的过程中，反复尝试，不断琢磨，动手能力、创造力和思考能力都得到很大提升。

　　受科技馆各种创意项目的影响，孩子很喜欢动手做小实验。小家伙从小喜欢把家里各种不用的纸盒制作成各种作品，如飞船

模型、火箭模型、火车模型等。看着这些富有创意的可爱的作品，我总是忍不住夸奖他的创造力："宝贝，你真善于动脑筋，会创新，制作的作品真棒啊。妈妈很喜欢。"

我认识到他在创造力方面具有天赋，就着重在这方面培养他，给他创造机会，让他有更多机会去接触创新成果。他的创造力越来越突出，并能在学习中体现出来，做出富有创意的作品。记得有一次，他花了两个晚上，用两包意大利面和强力胶做了一座非常坚固、美观的大桥，得到老师的高度赞扬，夸赞他太有创意了。几年以后，我再见到那个老师，他还记得小儿子当时做的那座桥。那个老师说："你的儿子特别有创造力，他在设计方面十分有天赋。"

孩子是国家的未来。著名教育家陶行知先生非常重视对孩子创新能力的培养，他提出了著名的"六大解放"教育思想：

解放儿童的大脑，使他们敢想；

解放儿童的双手，使他们能干；

解放儿童的眼睛，使他们能看；

解放儿童的嘴巴，使他们敢谈，有问的自由；

解放儿童的空间，使他们到大自然去扩大视野；

解放儿童的时间，使他们有时间去消化知识。

陶行知先生的"六大解放"教育思想，真正从根本上解放孩子，让孩子的心灵获得充分自由。这样，孩子才能发挥出创造性，成为有创造力的孩子。

家长天天盯着孩子，告诉孩子这不行，那也不行，时间一长，孩子的大脑就没了灵性，创造力也就消失了，那是我们家长都不愿看到的结果。

如果想让孩子一生光辉灿烂，就不要限制孩子的思维。孩子的创造力只有在自由的心灵状态下才能够发挥出来。

如何培养孩子的创造力

多带孩子参加创造性的活动

带孩子常去科技馆，给孩子买各种益智玩具，陪孩子玩智力游戏，培养孩子的创造力和动手能力。

有意识地给孩子进行发散思维训练

陪孩子玩数独和逻辑思维游戏，下围棋、象棋，锻炼孩子多维度、多角度思考问题的能力。平时让孩子参与家务劳动，一起解决问题，锻炼孩子的思考能力和解决问题的能力。

在家里组织头脑风暴

头脑风暴是培养创造性思维的一种好方法。家人坐在一起讨论问题，自由发言，在思维的碰撞中，激发出富有创意的灵感。

在这个过程中，孩子的想法可能很幼稚、很荒诞，家长不要随便否定，要肯定和鼓励孩子，这样可以激励孩子想出更多好点子。

教孩子换一个角度看问题

孩子在学习过程中，容易只从一个角度思考问题，陷入思维困境，找不到正确答案。家长要鼓励孩子经常换一个角度看问题，找到不同的解决方法。

孩子有了创造力，就能够解决很多问题。家长需要做的，就是帮助孩子把创造力充分发挥出来。

从小培养动手操作能力

小儿子小时候喜欢自己动手制作玩具。他有一个手工箱，里面有剪刀、尺子、胶水、绳子、别针等各种小工具。如果看到好看的航母模型，他就自己参照着模型用纸板制作一个。他做的各种舰船、汽车模型能装满满一个柜子。他会用意大利面制作美观坚固的大桥模型，用瓶盖做出变形金刚，用矿泉水瓶做出航天飞机模型。

孩子经常这样制作玩具，就提升了他的动手操作力，使他比其他孩子更善于动脑筋，悟性更高。教育家苏霍姆林斯基说："儿童的智慧在他的手指尖上。"动手操作可以开发孩子的智力。

很多有成就的科学家小时候都有很强的动手操作能力。有一位科学家从小就非常爱做手工。他上小学一年级时，学校开设了手工课。在第一堂手工课上，他计划做一个玩具送给弟弟，可是，他还没有做完就下课了。他看着没法送给弟弟的半成品，感到特别沮丧。他的父亲非常理解他的心情，就动手做了一个木工工作台送给他，随后又送给他一台车床。这可把这位科学家高兴坏了，一有空就动手做手工，还慢慢学会了维修家里的自行车。这大大锻炼了他的动手操作能力和创新思维能力，为他后来成为科学家奠定了扎实的基础。

　　很多孩子小时候都喜欢动手做各种东西，甚至喜欢把玩具拆开，把家里的一些东西拆得七零八落，这是孩子的天性，说明孩子有很强的好奇心。家长一定要呵护孩子的好奇心，不要心疼拆坏的东西，而应与孩子一起研究玩具的原理、构造、正确的玩法，鼓励孩子在拆的时候记住步骤，拆完后能装回原样，把孩子的破

坏行为转变成学习过程。

培养孩子的动手操作能力

激发孩子的兴趣

兴趣是孩子最好的老师，是孩子学习知识和本领的动力。在我孩子小时候，我就是他的玩伴，陪着他看动画片，看科普书，参观科技馆，在激发孩子的兴趣上下足功夫，让孩子带着兴趣去做各种事情。

多夸奖孩子

对孩子做出的成果及时夸奖和肯定，让孩子获得很多荣誉感，对自己更有信心。

训练孩子的动手操作能力

陪孩子一起玩，给孩子提出好的建议，让孩子知道怎么做更好。孩子并不是什么都能做好，需要家长多训练，多指导。比如孩子组装小零件时会做得不够完美，我就会告诉他要细心再细心，要有工匠精神，把事情做完美，让他在细节上做到最好。

给孩子创造各种动手操作的机会

在我孩子小的时候，我买家具都会买可组装的家具，让孩子参与组装。我也会让孩子做家务。我会在周末带孩子到农村、科技馆等不同场所，让他学习操作工具，锻炼他操作工具的灵活性。

　　"双减"政策实行以后，小学低年级的孩子没有了家庭作业，每天晚上有大把时间不知道干什么，让很多家长不知如何是好。

　　"双减"政策的目的是给孩子减负，让孩子有更多时间去发展兴趣爱好，培养各种能力。小学阶段是孩子创新思维能力、动手操作能力发展的黄金时期，家长要早做规划，秉持对孩子负责的态度，一步步去发展孩子的各种能力。

家长自修室

在孩子成长过程中，我是不是重视培养孩子的核心竞争力？我的孩子最擅长什么？我可以开发他哪些方面的天赋？

6

走进学习的秘密花园

提升孩子的学习能力，
就是为孩子打开一个广阔的世界。

让孩子爱上学习

　　我有一个亲戚的孩子，小时候特别机灵，性格外向，也很淘气。上小学以后，孩子爸爸对孩子提出了各种严苛要求，批评得多，表扬得少，这让孩子感到压力很大。孩子慢慢失去了灵性，也不爱学习了。孩子爸爸很着急，不知道如何让孩子爱上学习。

孩子为什么会厌学？

家长吝啬表扬

家长太严肃，对孩子吝啬表扬，不吝啬批评，发现孩子有表现不好的地方，就很顺口地批评和责备孩子，却很少鼓励和表扬孩子，挫伤了孩子的自信心和自尊心，使孩子内心失去了方向，也不再自我驱动了。

对孩子提不切实际的要求

有些孩子学习很努力，但是因为基础不扎实，学习方法不对，没有办法考出好成绩。家长一味拿自己孩子与别人家的孩子比，对孩子提出不切实际的要求，让孩子承受很大的心理压力。

课外班太多

一些家长给孩子报的课外班太多，让孩子不停地学习，产生了厌学心理，不爱学习了。

教养方法不对

家长情绪管理能力差，习惯打骂孩子，使孩子表面上顺从，心中却有很大抵触情绪，用厌学来无声反抗家长。

家庭不和睦

家庭不和睦会给孩子造成很多烦恼，让孩子无法专心学习。家长应该尽量处理好家庭关系，不把家庭矛盾传递给孩子，给孩子创造一个和谐的家庭环境，让孩子能够安心学习。

正向激励，引导孩子爱上学习

给孩子树立学习榜样

给孩子树立一个学习榜样，激励孩子向榜样学习。告诉孩子，学习是实现梦想，拥有美好前途的一个途径，只有学到很多本领，才有能力实现梦想。用榜样激励孩子，激发孩子内心动力，孩子才会自己主动学习。

给孩子定一个切合实际的目标

孩子身边哪个同学很优秀，他比较羡慕，就鼓励孩子向这个同学学习，并超越他。当孩子有了目标以后，就会自我驱动，不断努力。

解除孩子的学习障碍

如果孩子的基础差，家长就需要帮助孩子查漏补缺，夯实基础；如果孩子没有掌握学习方法，学习困难，家长就需要帮助孩子找到合适的学习方法，扫除学习障碍。这样，孩子就会爱上学习。

激励孩子养成良好的学习习惯

学习成绩好的孩子，90% 以上都有良好的学习习惯。学习习惯会直接影响孩子的学习效率和学习效果，影响孩子对学习的信心。让孩子课前做好预习，课上认真听讲，课后及时复习，有问题及时解决，处于良性学习状态，孩子就不会厌学了。

多给孩子关心和鼓励

经常对孩子说："爸爸妈妈相信你能把学习搞好，我的儿子（女儿）很棒！"家长的关心和鼓励会给孩子力量，让孩子自我驱动。

家长是孩子最好的榜样

家长是孩子最好的榜样。家长勤劳刻苦，孩子就会看在眼里，在潜移默化中以家长为榜样，严格要求自己。

做好课前预习，课上更轻松

很多孩子不喜欢课前预习，觉得老师上课会讲，自己没有必要预习。但是课前预习与不预习，课上的学习效果大不同。

我家孩子每天都会对新课程做一个简单预习，他认为这对学习很有帮助。通过课前预习，就对新课程有了大概的了解，知道新课程讲什么，重点是什么，难点是什么，新课程的内容与之前所学的内容之间有什么联系。知道了这些，孩子在上课时就可以更轻松地理解老师讲的内容，能够抓住重点和难点，变被动听课为主动听课，提升学习效率和学习效果。

课前预习有哪些好处

能够提高孩子的学习兴趣

通过课前预习，知道了重难点，带着问题听课，学习就会有的放矢，老师讲的内容听起来也就有趣很多。

能够提高孩子的听课质量

通过课前预习，对新课的内容有了大致了解，不懂的地方重点听，听课质量就提高了。

能够提升孩子的记忆效率

课前预习过的知识经过老师的分析、讲解，孩子更容易理解，理解的知识容易记住。

能够提高孩子的自学能力

课前预习像探险一样，孩子通过不断发现问题和思考问题，慢慢就提高了自学能力。

孩子怎样才能做好课前预习

1.通过阅读教材，找出重点、难点和疑点，做好笔记和标注。

2.利用工具书、参考书扫除生字词障碍，为上课做好准备。

3.牵涉到的旧知识点，通过温故知新，使新旧知识建立起联系。

4.预习完后快速回顾，把新课程的知识点、重点、难点在大脑里理一下，课上就能有的放矢。

课前预习的意义是什么

课前预习是一个发现问题的过程

"学起于思，思起于疑"，课前预习就是在寻"疑"。孩子有了疑问，并带着疑问听课，让自己在课堂上占据主动位置。

课前预习后，听课更容易抓住课堂精华

如果没有课前预习，孩子听课就会很盲目，芝麻西瓜一起抓，浪费精力。经过课前预习，孩子就能够把精力放在重点和难点上，更容易记住重点，弄懂难点，提升学习效率和学习效果。

课前预习能提高学习效率

实践证明，课前不预习，听课效率不高，学习效果不好。因为孩子学的知识前后是有体系的，课前预习时，孩子温故知新，将前后知识建立起联系，学起来思路更清晰。通过课前预习，孩子课上可以有的放矢地听课，由被动学习变成主动学习，学习效率更高。

课前预习可以提升学习效果

课前预习更重要的意义是可以提升学习效果。课前预习之后，孩子带着问题听课，渴望弄懂疑难问题，孩子的求知欲就会提升，注意力就会集中。带着主动意愿听课，孩子就会主动参与到课堂学习中，积极思考，主动回答问题，提升学习效果。

向课堂要效率

　　孩子一天的大部分时间是在课堂里度过的，听课是学习的中心环节。但是有相当一部分孩子不善于听课，课上注意力不集中，一节课的内容听得支离破碎；不善于思考，被动听课，没有发挥主观能动性；不注重课堂效率，在课上做无关的事情。这些就造成了一些孩子虽然每天都在上学，但是学习效果并不好。

孩子上课常见的问题

1. 对所学的内容不感兴趣。

2. 基础差，对老师所讲的知识一知半解。

3. 上课老是开小差，无法集中注意力。

4. 管不住自己，老想说悄悄话，跟不上老师思路。

5. 不爱学习，觉得学习太累，上课如坐针毡。

会不会听课，是检验一个学生会不会学习的关键。会学习的孩子都知道要把握课堂时间，提升课堂效率。

如何提升课堂效率呢？我儿子的方法是抓住课堂上的中心环节，上课的时候集中注意力，弄懂所有知识点，如果有问题没有弄懂，就在课下请教老师弄懂。要带着问题进课堂，带着成果出课堂。

孩子如何抓住听课这个中心环节

上课时排除杂念

把注意力放在学习上，跟着老师的思路走，积极思考问题，勤记笔记。

多发言，多提问

老师提出的问题，都是一堂课的重点，要围绕问题积极思考，积极回答。自己不懂的，要及时提问，把问题及时解决。

勤动笔，勤标记

如果课程内容太难，超出了自己的理解水平，要勤动笔，把不懂的内容标记下来，课后问老师。

每次新课程前先预习

带着问题上课，就容易知道重点、难点在哪里，围绕重点、难点听，就能事半功倍。

课间及时休息

放松大脑，为下一次课补充能量，保证上课时精力充沛，注意力集中。

孩子如何紧跟老师的思路

根据老师在课堂上的提问紧跟老师的思路

老师在讲课过程中经常会提出一些问题。一般来说，老师在课堂上提出的问题都是这节课的关键。孩子围绕老师提出的问题进行思考，就可以紧跟老师的思路。

根据老师的提示紧跟老师的思路

老师在教学中经常有一些提示用语，如"请注意""我再重复一遍""这个问题的关键是……"，这些往往就是老师在提醒学生们注意，孩子需要做的就是将注意力集中到老师提醒的问题上来。

紧跟老师的思路进行思考

老师在讲解一个难点时，都会顺着思路讲，需要学生紧跟老师的思路进行思考。比如讲解一道数学难题时，对一个语文段落进行赏析时，都需要孩子紧跟老师的思路进行思考，这样才能理解其中的逻辑关系，理解和记住知识点。

一节课的关键点有哪些

每节课的开头和结尾

老师在每节课的开头对新旧知识的衔接和结尾对本节课的概括总结，都是老师强调的重点，需要重点听。

老师反复强调的重点和难点

老师反复强调的本节课的重点和难点，需要重点听和重点记。

老师在黑板上板书的内容

老师在黑板上板书的内容基本上都是这节课的要点，需要记笔记，作为学习线索。

老师强调的学习方法和解题思路

老师强调的学习方法和解题思路，也是要记住的，应掌握并学以致用。

重要的知识点

一些基本概念、基本原理和基本公式，以及老师补充的重要内容，都需要重点记录。

养成敢问善答的好习惯

　　我当老师时，班里总有几个特别爱提问题也爱回答问题的学生，和几个永远不提问题也不回答问题的学生。不提问题也不回答的学生，情况各不相同。有的是因为不爱动脑筋，不知道问什么答什么；有的是心想这些问题别的同学都会问会答，自己懒得提问和回答；有的是因为胆小，不敢在同学面前表达自己的想法，怕别的同学笑话自己提的问题和回答的问题幼稚；还有的是讨厌学习，上课如坐针毡，盼着下课，根本没有心思提问题和回答问题。

这些孩子不喜欢参与提问和回答问题，都是因为不了解问题对学习的重要性。问题会引领孩子启动大脑的思维系统，把大脑储备的知识进行有效调动。如果不参与到问题中，大脑就会懒散，时间长了，就不懂如何思考。

同时，老师通过问题与学生互动，了解学生是否掌握了这些知识点，如果学生不提问和回答问题，老师就难以知道学生是否理解和掌握了知识点，也没有办法帮助还未掌握的学生。

所以，问题是学习的重要环节，孩子要养成敢问善答的习惯。

课上为什么要提问

启发式教学需要学生主动学习

现在老师都采用启发式教学，而不是过去的填鸭式教学。启发式教学要求孩子们积极参与到课堂学习中，积极思考，大胆提问，从被动听课变成主动学习，从而提升学习效果。

提问能激发大脑思考

问题越难，思考就会越深刻。反过来，思考又能促使孩子不断发现问题、提出问题和解决问题。这样学习就处于一个良性循环之中。爱因斯坦说："提出一个问题比解决一个问题更重要。"

课堂问答能开拓思路

能够踊跃地提出问题和解答问题，孩子的思路就会变开阔，想象力和创造力会变丰富。不爱提问的学生，由于不善于发现问题和提出问题，大脑得不到锻炼，思维就会不敏锐，学习就会受影响。

如何让孩子养成提问题的好习惯

有问题就大胆提出来

当不明白老师讲的内容时，可以大胆提问。老师在课堂上的一个重要任务就是为学生答疑解惑。所以，孩子在课堂上有疑问一定要提出来，只有疑问解决了才能进步。

认真听别人提出的问题

要认真听别人提出的问题，听听别人的问题是不是和自己的问题相同，对自己有没有帮助，对自己的思考有没有启发。当同学们都不知道怎样思考一些难点时，老师会引导大家思考。多学习，多借鉴，慢慢就学会提问了。

鼓励孩子独立解决问题

孩子提出的问题可能比较简单、浅显，没有关系。孩子提出问题之后，要告诉孩子不要让问题一直成为问题，尝试独立思考，查阅资料解决问题。遇到实在搞不懂的问题，再请教老师。

课堂上为什么要回答问题

课堂上老师提出的问题，看似可回答可不回答，其实，它对学生的意义可不一般。教师提出的课堂问题，其含金量是相当高的，是通过问题的形式把知识点提炼出来，学生通过思考再回答这些问题，就掌握了知识点。学生在思考的过程中，把新旧知识串起来，起到了温故知新的作用。在回答问题的过程中，锻炼了自己归纳总结和语言表达的能力。所以，回答问题是学习的一个重要环节。

如何让孩子养成回答问题的好习惯

培养孩子对回答问题的兴趣

在家里与孩子一起做问答游戏，激发孩子对回答问题的兴趣。答对了要夸奖孩子善于思考，答错了要告诉孩子没有关系，换个思路思考再回答。

在家里组织模拟课堂

让孩子当老师，学会换位思考，体会老师期待学生回答问题的心情，从而能够主动回答问题。

在家里组织辩论比赛

辩论比赛很能锻炼孩子的思辩能力和语言表达能力。与孩子就某一个话题展开讨论，锻炼孩子思考问题、组织语言、有逻辑地表述观点的能力。

课上消化老师的讲解

　　我有一个亲戚的孩子，成绩不好，马上小升初了。我这个亲戚着急得没办法，找我给她想想办法。她说："孩子看着也不笨，为什么上课听不懂，学习成绩提不上来？"我给她说："孩子听不懂，可能基础不好，理解不了新学的知识，需要给孩子补习一下基础知识。等基础知识学扎实了，听课就会容易很多。"

　　孩子要掌握听课方法，在课堂上把老师讲的内容消化掉，不让问题越积越多。具体方法：课前做好预习，把重点、难点画出来；

上课时认真听老师强调的重点，仔细听老师分析的难点；不懂的地方及时提问，不留疑问到课后。这样，孩子就会越学越轻松，越学越有趣了。

孩子如何在课上消化老师讲解的内容

在课堂上认真听讲

老师讲到哪里，思路就跟到哪里。

及时提问

充分利用老师课上安排的思考与讨论的时间，参与思考、讨论，不懂的难点、疑点及时问老师。

找新旧知识之间的关系

利用老师讲解的间隙，标记重点、难点，用图表的形式把新知识与旧知识之间的关系找出来。

认真做课堂练习

跟着老师做课堂练习，通过做题加深记忆。课后就能够举一反三，知道怎么做类似的题。

全身心投入课堂

假想老师在做一对一讲解，必须集中注意力听，跟着老师的思路思考，记录重要的知识点和难点。当全身心投入课堂时，孩子的大脑就能得到充分调动，学习效率也会很高。

课后回顾要点

课程结束时，快速回顾一下这节课的要点，补齐笔记。

我的亲戚接受我的建议，给孩子补习了基础知识，基础扎实了，孩子上课的积极性也上来了。孩子在课堂上认真听讲，积极回答问题，主动记笔记，有难题及时问老师。过了几个月，孩子的学习越来越好。

遵循艾宾浩斯遗忘曲线记忆

　　德国心理学家艾宾浩斯研究发现，在记忆开始之后，遗忘也立即开始。记忆开始 20 分钟后，只能记住 58.2% 的内容，1 天后只能记住 33.7% 的内容，6 天后仅能记住 25.4% 的内容。如果学习了不复习，一周后基本就忘掉了四分之三的内容，能记住的只剩四分之一的内容了。

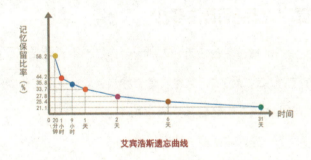

艾宾浩斯遗忘曲线

　　这个遗忘曲线揭示出，孩子在课堂上学的知识一天后就会遗忘掉三分之二，如果课后不复习，那最后就记不住多少知识了。

　　孩子每天在课堂上会学到很多内容，如果不能及时把课堂上所学知识回顾一遍，捋出要点，查缺补漏，所学的大部分知识很快就会被遗忘。

　　如果在每次课后趁热打铁，花两分钟时间把课堂上的知识点在大脑里回顾一遍，加深记忆，捋出重要的知识点，那么记忆效果就会大幅提升。所以，让孩子及时复习，是提升学习效率的有效手段。

复习之后能记住多少

　　艾宾浩斯通过实验证明，人的大脑记忆 100 个生词后，随着时间的流逝，对单词的记忆量会呈递减趋势。但这个实验同时发现，如果人能够在记忆后 5 分钟、30 分钟、12 小时、1 天、2 天时都复习一遍这些生词，那么就能牢记。

　　复习的最佳时机，可以根据孩子的学习习惯和课程的难易程度而定。如果孩子听课较吃力，问题多，那么就要课后及时复习。如果课程内容比较轻松，那么间隔一两天复习也没有关系。

让孩子利用课后黄金两分钟复习

对笔记进行查缺补漏

检查笔记中的遗漏和错误。遗漏之处要补记下来。将自己认为重要的内容补写在空白处。这样，笔记就完整并有参考价值了。

回顾并捋出知识点

回顾这节课老师讲了哪些知识点，哪些解题方法，自己有哪些问题没有弄懂，把这些都捋一遍。

趁热打铁进行记忆

趁大脑记忆比较清晰时进行快速复习，加深记忆。经过复习的内容，就会印象深刻，不容易遗忘。做作业时再复习一遍，就能把这些知识储存到记忆库里。

家长自修室

　　我的孩子是不是善于学习？他是不是掌握了学习方法？我应该怎样引导孩子学习？

7

让小天使
快乐成长

让孩子相信自己拥有独特的才能，
要自信，遇到困难不用害怕。

放手，让孩子自己做决定

　　一些家长很溺爱孩子，包办孩子的各种事情，替孩子做各种决定，孩子每天吃什么，穿什么，用什么，什么时候做作业，都要替孩子安排好。时间长了，孩子就养成了严重的依赖心理，遇到任何事情，都要问家长，让家长来安排，从而丧失了自主能力。我们看到的社会上的一些"巨婴"，大多都是有太勤快的家长。家长管太宽，孩子就会丧失生活能力，没有主见，遇到事情束手无策，不知道该怎么办，只能依赖家长。

居里夫人说："路要靠自己去走，才能越走越宽。"家长要学会放权，让孩子具备自我管理和自主决定的能力。孩子做得越多，就会越来越能干。

怎样培养孩子的自主能力

给孩子做决定的机会

家长总认为孩子做不好事情，喜欢自作主张替孩子做决定，替孩子做事情，这是变相剥夺了孩子做决定的权利，不利于孩子成长。每一个孩子都能判断、分析问题，做出决定。家长不能小瞧孩子的能力，要尽量多给孩子做决定的机会，让孩子在"自作主张"中成长。

让孩子做力所能及的事情

当孩子开始做一件事情的时候，家长要有耐心，不要怕孩子做不好，也不要怕孩子弄坏东西。孩子做多了以后，便能不断进步。

让孩子当一天家

每周让孩子当一天家，把家里的"财政大权"暂时交给孩子，让孩子安排家庭开支，安排一家人的生活。这样孩子就会主动想办法做安排。经常通过这种方法锻炼孩子，孩子的自立能力自然就会变强。

尊重孩子的想法

孩子的事情，最好尊重孩子的想法，这样才能不断提高孩子的思考能力、分析判断能力和做决定的能力。

如果孩子的想法是正确的，家长就要积极支持孩子；如果孩子的想法是错误的，家长也不要嘲笑孩子，要给孩子提出建议，让孩子能够更全面地考虑问题。

很多家长长期当孩子的高级保姆，照顾孩子的饮食起居，包办孩子的一切。这样做的后果就是让孩子养成了依赖性，不独立，缺乏主见。

孩子终究是要长大的，要独立面对生活中的各种问题，早一点培养孩子的自主能力，是对孩子负责。从现在开始，放手，让孩子自己做决定，干自己力所能及的事情，在试错纠错中成长。

提升孩子的抗挫能力

现在的孩子多数是在家长的宠爱下成长起来的，从小生活条件良好，没有受过什么苦，经历的生活困难也很少，这些就造成他们心理抗压能力弱，一点小挫折可能就会让他们失去自信心，出现心理问题。

家长要重视培养孩子的抗挫能力，让孩子在面对挫折时勇敢起来，在挫折中磨炼意志，使心智越来越成熟。

孩子抗挫能力差的表现

1. 孩子只喜欢听表扬的话，不能接受批评。

2. 遇到困难就情绪低落，不知道如何解决。

3. 自尊心强，不能承受失败。

4. 做错了事不敢面对，逃避责任。

5. 当家长满足不了自己的需求时，就会乱发脾气。

6. 从来不分析失败的原因，一味怨天尤人。

心理学家指出，挫折是人生的一部分，接受它，就是接受成长。家长要让孩子认识到，任何人的一生中不遇挫折是不可能的，让孩子坦然接受生活中遇到的挫折，不必害怕和紧张。

挫折虽然会让孩子情绪低落，心情沮丧，但是它也能磨炼孩子的意志，让孩子坚强勇敢。

如何培养孩子的抗挫能力

让孩子认识到，失败是人生的一部分

孩子因为经验不足会经常失败。一些孩子失败后会有很强的挫败感。我们家长要让孩子知道失败是一件正常的事情，要让孩子改变对失败的认知，不害怕失败。

教孩子向失败学习

为了避免孩子失败，一些家长会帮助孩子逃避失败，不面对失败。这样可能会毁了孩子的未来。如果家长一直把孩子护在自己的羽翼之下，帮孩子挡住挫折与失败，那孩子就永远学不会承受失败。

家长应该做的是帮助孩子分析失败的原因，总结经验教训，从失败中成长。这样，孩子就能遇到挫折不害怕，积极想办法克服挫折。

培养孩子的适应能力

培养孩子的适应能力，让孩子遇到问题时不怯场，敢于积极应对，即使失败了也能接受结果。这样，孩子的内心就会变得很强大。

孩子是通过失败来成长的。经历过挫折和失败，孩子才能有深刻领悟，从而成长。所以，家长要从小对孩子进行挫折教育，让孩子在失败中增强抗挫的能力，锻炼出生命的韧性。

不要给孩子铺平道路

现在很多家长将孩子的人生安排得很好，想让孩子一生一帆风顺。这种心情是可以理解的，但是人生会有很多意想不到的事情，提升孩子的抗挫能力才是对孩子好。这样，孩子在遇到意想不到的问题时，就不会束手无策。

很少遭受挫折的孩子长大以后会因为不适应激烈竞争和复杂多变的社会而深感痛苦。孩子应付挫折的能力只有在挫折中才能锻炼出来，任何理论的说教都不可能产生好的效果。因此，家长要适时地为孩子制造挫折，从而让孩子学会应对挫折的方法，增强抗挫能力。

孩子经历的挫折越多，成长得越快。美国著名职业教育专家霍兰德说："在最黑的土地上生长着最娇艳的花朵，那些最伟岸挺拔的树木总是在最陡峭的岩石中扎根，昂首向天。"挫折是每个孩子生命中的茧，冲破它，孩子才能成为美丽的蝶。

建立积极的思维方式

孩子的内心世界就像计算机会被病毒感染一样，经常会被各种负面情绪侵袭，出现情绪混乱的现象。要保护孩子的内心世界，就需要给他心里安装一个"杀毒软件"，及时清理"情绪垃圾"，让孩子的内心世界清澈干净，让孩子每天能轻松前行。

那这个"杀毒软件"是什么呢？就是积极的思维方式。"情绪病毒"与思维扭曲有很大关系。比如自己一件事情没做好，就认为自己做不成，丧失自信心，这是以偏概全；某同学把自己的东西弄坏了，就认为这个同学很坏，这是乱贴标签；老师批评了自己，就认为老师不喜欢自己，这是妄下结论；考试没考好，就感到好像末日到了，很害怕，这是放大问题的严重性。这些都是思维扭曲的表现。真实的情况并不是这样，是孩子把问题看得太严重了。所以，给孩子心里安装一个"杀毒软件"，让孩子遇到问题时能够从积极的方面思考，这样，孩子就不会出现太多负面情绪。

负面情绪产生的根源就是对外部刺激的思维方式出了问题。改变看待外部刺激的思维方式，就会减少很多负面情绪。

十大思维扭曲的表现

非此即彼，用非黑即白的眼光看待世界；

以偏概全，因为一点不好而否定全部；

心理过滤，夸大负面信息的影响；

妄下结论，认为别人会用不友好的方式对待自己；

先知错误，认为事情的结果会非常糟糕；

放大问题的严重性，认为事情已经糟糕到了不可收拾的地步；

情绪化推理，把自己的不好预感当成真实要发生的事情；

应该思维，认为别人应该对自己好；

乱贴标签，认为某人是坏人；

揽责上身，把责任都归到自己身上，实际上责任不完全在自己。

　　这些思维方式很容易影响孩子的情绪，一旦事情与自己的想法不一致，孩子就会产生强烈的情绪反应，让自己和别人都难受。

帮孩子建立积极的思维方式

正确认识自己

孩子都是被上天赋予了独特的才能，带着使命来到这个世界上的，每一个孩子都独一无二。让孩子相信自己拥有独特的才能，要自信，遇到困难不用害怕。

接受挫折考验

每一个人都会经历一些挫折，这是大自然为了磨炼孩子的意志而特意设置的障碍，就像树木都要经历风雨一样。所以，要引导孩子去面对挫折，体会克服挫折后的快乐。

保持阳光心态

让孩子学会欣赏自己，经常在心里对自己说："我很棒！""我能行！""我可以。"这些心理暗示会在无形中给孩子一种勇气和力量，使他敢于去面对困难。

学会换一个角度思考问题

孩子情绪失控，往往是因为自己很委屈，想要的结果与自己的期望相差很远。让孩子学会换个角度思考问题，也许孩子的心态就会好很多，孩子也容易找到努力方向。

事情没有那么糟，只是自己的心情太糟了。如果转变一下心情，也许看到的事情就是另一种状态。教孩子学会用积极的心态看问题，用积极的思维方式思考问题，心情就会好很多。

让孩子乐观看待世界

　　快乐不是由外部环境决定的，而是由内心决定的。如果一个人想拥有快乐，不需要向外界寻求，只需要向自己的内心寻求。不管你曾拥有什么，你是谁，你在何处，或者你是做什么的，只要你想快乐，你就能快乐。这种乐观的心态能改变你看待世界的方式，让你成为一个乐观的人。

　　心理学家研究发现，乐观的性格并不是一个人天生具备的，而是受成长环境影响，在后天环境中养成的。家长对孩子性格的

形成起着巨大的影响作用。乐观的家长会养育出一个乐观的孩子，而悲观的家长会养育出一个悲观的孩子。要想让孩子有一个乐观的好性格，家长需要自己先乐观积极起来。因为家长看待世界的方式会直接影响孩子看待世界的方式。

家长想改变孩子，先改变自己

一个人看待世界的方式直接影响着他的心境。如果一个人总是看别人不顺眼，总觉得别人对不起自己，总是很计较得失，那么一个很小的事情都会对他的心理造成影响，使他心情糟糕到极点，情绪失控，让他把自己的情绪发泄到别人身上。这样又会形成很恶劣的人际关系，使周围的人不喜欢他，从而形成一个恶性循环。

一个人看待世界的方式，受到他的思维方式的影响。思维方式决定情绪，思维方式决定性格，思维方式决定命运。一个人的思维方式受家庭影响，受自己长期形成的世界观、价值观、人生观的影响。一个极度消极的人，三观也是有一定问题的。我们可以检测一下身边认识的人，看看是否如此。

所以，家长一定要从改变自己的思维方式做起，从改变自己的三观做起。当我们能够以乐观的心态看世界，能够理性看待生活中的矛盾，能够包容世界上的不美好，就一定会成为快乐和幸福的家长，我们的孩子也一定会感知到这份美好，在心中生出善良和仁慈，建立起正确的三观，能用温暖的眼光看待这个世界。

怎样让孩子乐观看待世界

给孩子自主权

很多时候，孩子不开心的原因是因为没有自主权。家长管得太多，包办孩子的一切，没有给孩子做决定的权利。把权利交还给孩子，让孩子自己做决定，这样孩子才能拥有自由。

让孩子多与乐观的小伙伴交朋友

鼓励孩子多与乐观的小伙伴们交朋友。快乐的情绪可以传染，与乐观的小伙伴们在一起，孩子也容易养成乐观的性格，遇到问题能够积极应对。

允许孩子自由表达情绪

当孩子受了委屈，或者受了挫折，家长要站在孩子的角度，体会孩子的情感，引导孩子表达情绪，让孩子心里少积压负面情绪。

培养孩子广泛的兴趣

孩子兴趣爱好多，可以慰藉心灵的兴奋点就多，孩子的性格就会开朗、自信。比如让孩子对阅读、运动、听音乐、看漫画、养小动物等产生兴趣，丰富孩子的精神生活，让孩子开心快乐地成长。